HISTORIE FIORENTINE
DI NICCOLO MACHIAVEL-
LI CITTADINO, ET SE-
GRETARIO FIO-
RENTINO.

AL SANTISS. ET BEATISS. PA-
DRE. S. N. CLEMENTE SET-
TIMO PONTEFICE
MASS.

M. D. XXXII.

監修者――木村靖二／岸本美緒／小松久男／佐藤次高

［カバー表写真］
サンティ・ディ・ティート「マキァヴェッリ」
（16世紀後半，パラッツォ・ヴェッキオ蔵）

［カバー裏写真］
マキァヴェッリの山荘
（イタリア，サンタンドレア・イン・ペルクッシーナ）

［扉写真］
マキァヴェッリ『フィレンツェ史』
（1532年版）

世界史リブレット人49

マキァヴェッリ

激動の転換期を生きぬく

Kitada Yoko
北田葉子

目次

マキァヴェッリの虚像と実像

ニッコロ・マキァヴェッリ(一四六九～一五二七)といえば、目的のためには手段を選ばず、権謀術策を弄して自らの望みを達成する策士、またはそれを推奨する人物、というイメージが強いのではないだろうか。実際、「マキァヴェリズム」という言葉を『広辞苑』(第五版)で調べると、「目的のためには手段を選ばない、権力的な統治様式。マキァヴェッリの「君主論」のなかに見える思想。権謀術数主義」と説明されている。しかし現在では、マキァヴェッリの思想をそのようにとらえる研究者はほとんどいないし、またマキァヴェッリ自身もそのような人物だったわけではない。

マキァヴェッリの思想については、第一章でみていくことにして、ここでは彼がどのような人物だったのかをちょっとみてみよう。もちろん頭は非常に切れる人物だが、いわゆるくそまじめなタイプではない。むしろ彼は、冗談好きで愉快な人物である。機知に富み、悪ふざけも辞さない。彼は貪欲に生を謳歌する。女好きで、結婚しているのに娼婦を買い、男色にも拒否反応は示さない。例えば、ローマでまじめに大使をしているという友人に、「自分がそちらに行ったら、「若者も女もいないなんて、ここはなんていう糞ったれな家なんですか」というでしょう」などという手紙を書いている。しかも彼は賭事が好きである。本人にいわせれば、「なにしろ私は金を使わずにはいられない性格」なんだとか。そして彼は政治も好きである。同じ書簡に、追いかけている女の話とまじめな政治の話、両方を書くこともある。ただし、まじめに政治を論じるときの彼は決してふざけはしない。

現代においてマキァヴェッリは政治思想家としてとらえられることが多い。しかし彼は思想家としての生涯を送ったわけではない。むしろ彼は役人として政治を実際に生きた実践の人だった。彼が『君主論』そのほかの大作を書いたのは、政変が起こって、政治から離れなければならなかったときである。『君

●―メディチ家系図

ジョヴァンニ・ディ・ビッチ 1360〜1429
- コジモ・イル・ヴェッキオ 1389〜1464
  - ピエロ・イル・ゴットーゾ 1416〜69
    - ロレンツォ・イル・マニフィコ 1449〜92
      - ピエロ 1472〜1503
        - ロレンツォ（ウルビーノ公） 1492〜1519
          - カテリーナ 1519〜89 仏王アンリ2世と結婚
      - ジョヴァンニ（レオ10世） 1475〜1521
      - ジュリアーノ（ヌムール公） 1479〜1516
        - イッポリト 1500〜35
    - ジュリアーノ 1453〜78
      - ジュリオ（クレメンス7世） 1478〜1534
        - アレッサンドロ 1511〜37
- ロレンツォ
  - ピエルフランチェスコ 1430〜76
    - ジョヴァンニ・イル・ポポラーノ 1467〜98
      - 黒旗隊のジョヴァンニ 1498〜1526
        - コジモ1世 1519〜74
    - ロレンツォ・イル・ポポラーノ 1463〜1503
      - ピエルフランチェスコ
        - ロレンツォ（ロレンザッチョ） 1514〜78

●―ロレンツォ・イル・マニフィコ（ジョルジョ・ヴァザーリ作、ウフィツィ美術館蔵）

●―コジモ・イル・ヴェッキオ（ポントルモ作、ウフィツィ美術館蔵）

●―ピエロ・デ・メディチ（ブロンジーノ作、ウフィツィ美術館蔵）

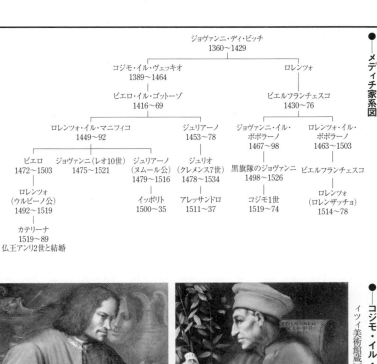

主論』は、この政変によって政権を握ったメディチ家になんとか雇ってもらおうとして書かれた著作である。

役人としてのマキァヴェッリは、目的のために手段を選ばず、権謀術策を弄した冷徹な人物ではなかった。彼は政治の中枢に入り込むことはできなかったから、権謀術策を弄する機会も少なかった。もっとも彼は大使などとして活躍することもあり、その際にはできる限りの手を使ったのは確かであるが、いわゆる「マキァヴェリズム」のイメージとはほど遠い。彼は生地フィレンツェを愛しており、フィレンツェのためにつくした真摯な人間であった。

本書では、マキァヴェッリの人生や思想をとおして、中世から近世へと移り変わる時代をみていく。第一章ではまず、マキァヴェッリの思想家としての側面を紹介し、第二章でマキァヴェッリの書記官としての活躍を概観する。第三章でマキァヴェッリの失脚の時代を軸に当時の政治思想を、第四章ではマキァヴェッリの『フィレンツェ史』を取り上げながら十六世紀の歴史観を、第五章では、マキァヴェッリの死後に彼の夢が破れ、フィレンツェが近世の君主国となっていく様子を概観する。マキァヴェッリについての著作の多くは、マキァ

フランチェスコ・グイッチャルディーニ（一四八三〜一五四〇）　作者不明、ウフィツィ美術館蔵

書斎のグイッチャルディーニ（十六世紀の木版画より）

ヴェッリ後の世界についてはほとんどふれていないが、彼の死後一〇年でフィレンツェには新しい秩序が訪れる。その時代までをみていくことで、マキァヴェッリを、そしてこの変化の時代をより深く理解できるだろう。

本書によく登場する人物をもう一人、紹介しておこう。マキァヴェッリより一四歳若いが、有力市民とはいえない彼と違ってフィレンツェの名家に生まれ、教皇庁の総督など輝かしい経歴をもつフランチェスコ・グイッチャルディーニである。マキァヴェッリと同様に動乱の十六世紀前半を生きたが、マキァヴェッリとは異なり、その動乱を終結までみた男である。そして陽気なマキァヴェッリとは違って、ある同時代人によると「非常に傲慢で人に厳しく」、人並はずれた「野心」と「強欲さ」をもっていたという。しかし彼らは危機的な状況のなかで、一五二〇年代には固い友情で結ばれるようになる。そして両者ともフィレンツェの政治を考え、それに巻き込まれ、そしてそこから引き離されたとき、主著を書いた。彼らをみていくことで、十六世紀という時代がよりみえてくるだろう。マキァヴェッリや同時代の著作で日本語で読めるものいくつかについては、参照できるように章や節の番号を付した。またマキァヴェッリを含め引用した著作に関して、翻訳されているものについてはそれを参考にしたが、本書における訳は筆者に責任があることを申しそえておく。

▼『ディスコルシ』　『ローマ史論』なども訳される。直訳では、『リウィウスのローマ史最初の十講についての論考』。ただしマキァヴェッリは、最初の十講以外の箇所もかなり自由に参照している。

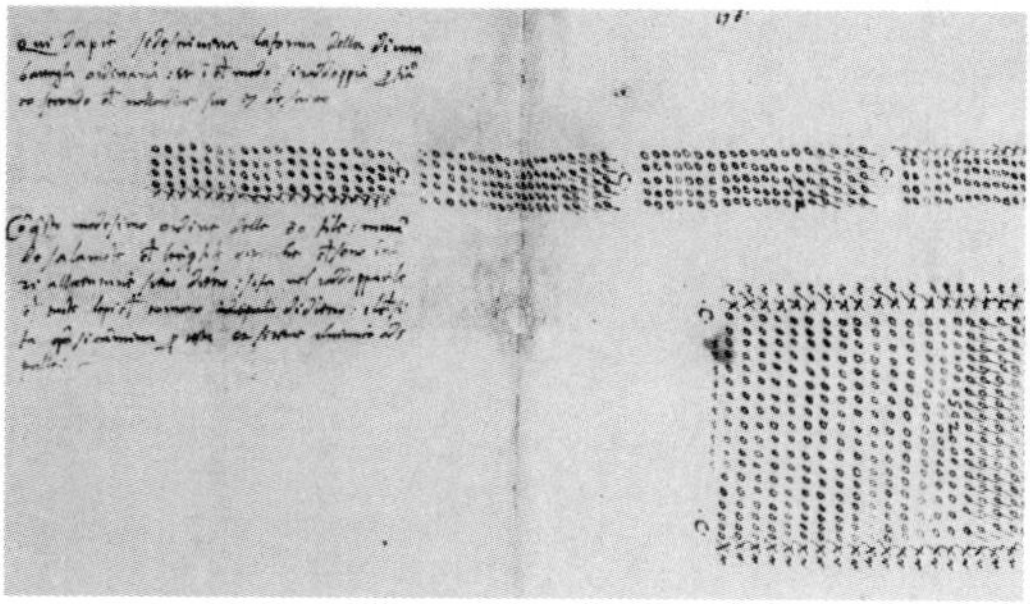

『戦争の技術』のマキァヴェッリの手稿

①—マキァヴェッリにおける伝統と革新

人文主義の伝統

マキァヴェッリの主著といえるのは、もっとも有名でいわゆる「マキァヴェリズム」を生み出すことになった『君主論』と、『ディスコルシ』▲であろう。これらの政治思想に関わる著作については、第三章で扱うことになる。これ以外にマキァヴェッリには、歴史の著作もある。第四章で扱うことになる『フィレンツェ史』、そして『カストルッチョ・カストラカーニ伝』がそれである。しかしそれだけではない。戦争の方法論について書かれた『戦争の技術』もマキァヴェッリの作品であるし、一方で喜劇『マンドラゴラ』や『クリツィア』も彼の作品である。とくに『マンドラゴラ』はルネサンス期の喜劇の傑作のひとつとして知られている。このほかにも、政治的な小論、詩なども執筆しており、政治思想家としての側面が強調されるマキァヴェッリだが、彼は教養豊かなルネサンスの人文主義の申し子なのである。

人文主義とはペトラルカに始まる文化運動で、中世を批判して古代を理想とし、中世の大学で支配的であったスコラ哲学に対して、人文学(文法・修辞・歴史・詩・道徳哲学など)を強調した。人文主義者は、理想の古代を少しでも多く復元するために、古典古代のテキストを収集し、完全なテキストをつくろうとした。そして単に古典の知識を吸収するだけではなく、あらゆることに関して古代を見習おうとした。

マキァヴェッリは青少年時代にしっかりした人文主義教育を受けた。父ベルナルドはそれほど裕福ではない法律家であったが、人文学の熱心な研究家であり、著名な人文主義者と交際し、キケロ▲やリウィウス▲などのいくつかの古典のテキストを研究していた。そして長男ニッコロにも第一級の人文主義教育を授けたのである。ニッコロは、一四六九年にフィレンツェで生まれ、七歳でラテン語を、一一歳で算術を学びはじめ、一二歳のときにはフィレンツェの言葉▲をラテン語に翻訳できるまでになっていた。

マキァヴェッリは『ディスコルシ』のなかで、若いときに事の善悪について聞いたことが深い印象を残して、「その人物の全生涯を通じて行動の規範になる」と書いている(Ⅲ-46)。たしかに少年のころからきちんとした人文主義教

フランチェスコ・ペトラルカ(一三〇四〜七四)　アンドレア・デル・カスターニョ作、ウフィッツィ美術館蔵

▼**キケロ**(前一〇六〜前四三)　ペトラルカをはじめとする人文主義者たちが、最高のラテン語作家として、そして人生の師としてあおいだ古代ローマの政治家・弁論家。彼の作品の多くは人文主義者によって探し求められ、模倣の対象となった。

▼**リウィウス**(前五九〜後一七)　古代ローマの歴史家。大部の『ローマ史(あるいはローマ建国史)』で知られる。ペトラルカが、散逸していたこの著作の再構成に成功した。この著作は、十六世紀後半までルネサンスの歴史家の模範とされた。

育を受けた彼は、それをしっかりものにし、生涯忘れることはなかった。人文主義の伝統を継ぐ彼が模範として求めるのはつねに古代の作家である。彼によれば、「人々の欲望や性分は、いつの時代でも同じ」なので、「過去の事情を丹念に検討しようとする人々にとっては、どんな国家でもその将来に起こりそうなことを予見して、古代の人々に用いられた打開策を適用するのはたやすいことである。また、ぴったりの先例がなくても、その事件に似たような先例から新手の方策を打ち出すこともできないことではない」(『ディスコルシ』I-39)。つまり、古代の人々の作品を読めば問題に対する解決策がみつかるというのである。

おそらく一五一九年頃に書かれたと考えられている『戦争の技術』においても、参考とされているのは古代の三人の作家ヴェゲティウス、フロンティヌス、ポリュビウスである。『戦争の技術』は対話体であり、ファブリツィオ・コロンナ▲という実在の人物がおもな語り手となるのであるが、彼は、著作の導入部でこう断言している。「何事を引き合いに出すとしても、私はわがローマ人から離れるつもりはない」。だから彼は「軍隊を古代風の制度に移そうと準備」

▼フィレンツェの言葉　この時代にはイタリア語は成立しておらず、ラテン語に対して「俗語」と呼ばれる各地方の言葉が存在していた。書き言葉としてのイタリア語は十六世紀から議論されはじめ、宮廷で使用されている言語を中心にしようとする者、ダンテ、ペトラルカ、ボッカッチョなどの十四世紀を代表する著作家の言語に倣おうとする者、十六世紀のトスカーナの口語を範としようとする者などの間で論争があった。最終的には文学的伝統も考慮したトスカーナ語を基本にしたイタリア語がつくられることになる。

▼ファブリツィオ・コロンナ(一四五〇／六〇〜一五二〇)　ローマの有力貴族コロンナ家の出身。実際に軍人として活躍していた。

▼**レオナルド・ブルーニ**（一三七〇頃〜一四四四）　人文主義者で、一四二七年からはフィレンツェ共和国の書記官長を務める。主著に『フィレンツェ市民の歴史』『フィレンツェ市礼賛』。

レオナルド・ブルーニの記念碑（サンタ・クローチェ教会）

したのであるが、さまざまな条件、とくに傭兵制のためにそれははたせなかった、と。コロンナはまさにマキァヴェッリの代弁者である。

また論考のジャンルや議論の様式においても、彼は完全に伝統を踏襲している。しかも人文主義より以前、十三世紀に活躍したプレ人文主義者といえる人々の伝統をも彼は引き継いでいる。君主は「恐れられるのと愛されるのとどちらがよいか」という有名なマキァヴェッリの問題設定（『君主論』XVII）は、じつはプレ人文主義者たちがよく使ったものであった。ただし恐れられる君主をよしとする点で、マキァヴェッリの答えは伝統とは逆であるが、彼の革新についてはもう少しあとでふれる。

マキァヴェッリの『フィレンツェ史』も人文主義の伝統に従ったものである。レオナルド・ブルーニ▲に始まる人文主義の歴史学の特徴は、古典のレトリックの使用、フィクションである演説の挿入、人々の模範となるような偉業を強調することであるが、マキァヴェッリは基本的にそれに忠実であろうとした。『フィレンツェ史』冒頭でブルーニをかなり批判しているにもかかわらず、彼の『フィレンツェ市民の歴史』から多くの部分を取り入れている。ラテン語でこそ書かなかったものの、要所にはつくられた演説も入り、人々の模範になるような偉業を示すことにも気を使っている。ただし、十五世紀以降のフィレンツェについては、「国外、国内を問わず、われわれの君侯によっておこなわれたことは、古代人の行為とは違って、彼らの徳や偉大さのゆえに驚異の念をもって読む、というわけにはいかない」と前置きしたうえで「兵士の勇敢さや軍司令官の力量、あるいは祖国に対する市民の愛について語ること」もできないとしている(『フィレンツェ史』V-1)。

マキァヴェッリの著作によく出てくる言葉に「運命」あるいは「運命の女神」がある。彼によれば、運命の力は強力であるが、力量(ヴィルトゥ)をもった人間はそれにさからうことができる。このような考え方もまた、古典にもとづくという点で、人文主義者の伝統に忠実である。古代の人々にとって、運命の女神は勇気ある者に味方し、栄光を与えてくれるよき女神だった。しかしそののち、キリスト教によって、運命は人間の働きかけを受けない、無慈悲な力ととらえられることになった。このような考え方に異議を唱え、古代の人々の考え方を復活させたのが人文主義者たちである。彼らは運命の絶対的な力を否

▼**エネア・シルヴィオ・ピッコローミニ**(一四〇五〜六四)　人文主義者。皇帝や教皇のもとで行政的な手腕を発揮し、ピウス二世(在位一四五八〜六四)として教皇に選出される。芸術の庇護者として有名な一方で、十字軍の召集を試みたことでも知られる。

定し、人間の自由意志を強調し、運命にさからう力を人間にもたせた。マキァヴェッリは彼らに従ったのである。

マキァヴェッリは、「運命の女神」についてはかなりエロティックな表現もしている。彼によれば、「運命は女性だから、彼女を征服しようとすれば、打ちのめし、突き飛ばす必要がある。運命は、冷静な生き方をする人より、こんな人のいいなりになってくれる。運命は女性なのだから、つねに若者の友である。若者は思慮を欠いて、あらあらしく、いたって大胆に女を支配するものなのである(『君主論』XXV)。しかしこれもまた彼の独創ではなく、古代からルネサンスにもたらされた発想にそったものである。エネア・シルヴィオ・ピッコローミニ▲は、『運命の夢』のなかで、運命の女神に「卓抜な勇気で私の力を押さえつける」者に惹きつけられると告白させている。

多くの人文主義者と同様、マキァヴェッリも単に古代の知識を尊重しただけではなく、古代を愛していた。その姿勢は、有名なヴェットーリ宛の書簡からも明らかである。マキァヴェッリが政治の中枢からはずされて、田舎の山荘にこもっていたときのことである。彼は、ローマにいた友人フランチェスコ・ヴ

マキァヴェッリの山荘

エットーリに手紙を書き、日々の暮らしを伝えている。それによると、朝は木こりの監督、そのあと鳥に罠をしかけに行くが、そのとき「手には本を一冊、ダンテかペトラルカ、あるいはティブルスやオウィディウスなど」、つまりルネサンス期の作家や古代の作家の本をもっていく。しばし本を読んだあとには居酒屋へ。食事は家族と済ませて、ふたたび居酒屋へ。肉屋や粉屋と一緒にゲームをして一日中過ごすが、「ゲームの間中、喧嘩は絶えず、罵詈雑言が飛び交い、掛け金はだいたいほんのわずかなのにみんな血眼になって、サン・カッシアーノからも聞こえるほどの大声でわめいて」いる状態だという。

しかし「晩になると、家に帰って書斎に入ります。入り口のところで泥や汚れにまみれた普段着を脱ぎ、りっぱな礼服をまといます。身なりを整えたら、古《いにしえ》の人々が集う古の宮廷に入ります。私は彼らに温かく迎えられて、かの糧《かて》を食します。その糧は私だけのもの、そして私はその糧を食べるために生まれてきたのです。私は臆することなく彼らと語り合い、彼らがとった行動について理由を尋ねます。すると彼らは誠心誠意答えてくれます。四時間もの間、退屈など少しも感じません。あらゆる苦悩を忘れ、貧乏への怖れも死に対するおののきも消え去って、彼らの世界に浸りきるのです」。身分の低い者と大騒ぎをしながらゲームを楽しむ一方、夕には書斎で居住まいを正して、彼の愛し、信奉する古代人と語り合う、それが人文主義者マキァヴェッリである。

政治とモラルにおける革新

マキァヴェッリの詳細な伝記を書いたロレンツォ・リドルフィは、彼を「人文主義の子ではあるけれども人文主義者たちのもとに帰ることのない放蕩息子」といっている。古代を見習い、ヒューマニストの伝統に忠実な点で彼が人文主義者であったことはすでにみたが、その主張は人文主義をはるかにこえている。ここではこのマキァヴェッリの革新性を、三つの切り口からみていこう。

まずふれなければならないのは、政治とモラルの関係である。マキァヴェッリは両者を切り離した。よい政府あるいはよい統治者は、必然的に善良で徳の高い政府あるいは統治者である、というそれまで、そしてそれ以後もあたり前だった見解を彼は拒絶する。この点で彼は古典には従わない。ローマのモラリストたちは、知恵・正義・勇気・自制の四つを重要な徳としたうえで、王にとくにふさわしい徳は、誠実であるとした。しかしマキァヴェッリによれば、共和国も君主国も、伝統的なモラルを守っていたら、生き残れないかもしれない。支配者は必要とあらば力や欺瞞《ぎまん》を用いなければならないのである。

『君主論』のなかで、彼はこう述べている。「人がどのように生きているかと、どのように生きるべきかとは、まったくかけ離れたことだ。だから、人間がどのように生きるべきかを見て、現に人が生きている現実の姿を見逃す人間は、自らを守るどころか、破滅を思い知らされるのが落ちである。なぜなら、何事につけても、よい行いをすると公言する人間は、よからぬ多数の人々のなかにあって、破滅せざるをえない。したがって、自分の身を守ろうとする君主は、良くない人間になることを学ぶ必要がある。そして、この態度を、必要に応じて使ったり、使わなかったりしなくてはならない」(XV)。さらに、君主は「一つの悪徳を行使しなくては政権の存続が危うい場合には、悪徳の評判など、かまわず受ける」べきである(XV)。「けちだという世評など意に介すべきではない」し(XVI)、「愛されるより恐れられるほうがはるかに安全である」(XVII)。「国を維持するためには、信義に反したり、慈悲にそむいたり、人間味を失ったり、

▼チェーザレ・ボルジア（一四七五〜一五〇七）　ローマ教皇アレクサンデル六世の息子。ロマーニャ地方を征服し、新しい国家をつくろうとするが、父の死と自らの病気のため、失敗に終わる。（作者不明、ローマ、ヴェネツィア宮殿博物館蔵）

宗教にそむく行為をもたびたびやらねばならない」のである（XVIII）。徳があるような見せかけは必要であるが、大事なのはいざというときに悪徳を行使できることなのである。

マキァヴェッリは、フィレンツェで政治の世界に入ってまだ間もない一五〇二年の十月から翌年一月にかけてチェーザレ・ボルジア▲のもとに大使として派遣された。そこで彼がみたチェーザレはまさしく権謀術策にたけ、だまし討ちも辞さない君主であった。マキァヴェッリは彼を「驚くほどの無謀さと力量の人」であり、「どのような苦難をも乗りこえたに違いない」人物で、「新君主にとって、この人物の行動に勝る指針は考えられない」と称賛している（『君主論』VII）。マキァヴェッリのあるべき君主像、乱世を生き延びることのできる君主像には、実際にその目で見たチェーザレという現実の人物が影響を与えている。ただし、マキァヴェッリの描く君主は、あくまで以前の支配者から権力を簒奪した新しい君主にかぎられている。すべての君主にこのような生き方を勧めたわけではない。

都市内の対立への視点

さらにマキァヴェッリのおもしろいところは、階層間の争いを一種の必要悪として認めたことである。『フィレンツェ史』の冒頭で彼は、彼以前にフィレンツェ史を書いたレオナルド・ブルーニやポッジョ・ブラッチョリーニ▲が都市内の内乱や対立、そこから生じた結果についてほとんど言及しなかったことを批判している。それでは「読者になんの楽しみも……もたらさない」というのである。しかも内部対立は単におもしろいだけではない。マキァヴェッリによれば「党派とその徒党とを伴う分裂は有害だが、党派もなく徒党もないままで維持される分裂は有益」(『フィレンツェ史』Ⅶ-1)なのである。

説明が必要であろう。イタリアの中北部では十二世紀から都市コムーネが発展した。コムーネとは、都市そのものとその周辺部をあわせた都市国家である。コムーネは、その発展にともないコムーネ同士で争うようになり、強大なコムーネは弱小コムーネを傘下に入れて拡大し、その結果、共和国が誕生することになる。しかしどのコムーネも権力争いが活発で、党派争いが絶えなかった。この党派争いのなかで、コムーネの実権を一人の人間が握ることもあり、その

▼ポッジョ・ブラッチョリーニ(一三八〇〜一四五九) 人文主義者であり、多くの古典の再発見に貢献した。『フィレンツェ市民の歴史』を執筆。

場合には君主国が誕生する。

フィレンツェでは、古くは豪族《マニャーティ》と呼ばれる有力者層と新興の大商人の争い、そして皇帝派《ギベリン》と教皇派《ゲルフ》と呼ばれる二派の対立、そして白派と黒派の対立などがあったが、マキァヴェッリの時代に鮮明となっていたのは、エリートの有力市民層とポーポロと呼ばれるその下の階層の対立であった。マキァヴェッリは、党派争いは否定したものの、ふつうは諸悪の根源としてきらわれる階層間の対立は有益としたのである。彼によると、ローマ共和国の歴史をみればそのことは明らかである。ローマでは、「平民と元老院の対立により、ローマ共和国は自由かつ強大なものとなった」。というのも、「自由を確保するためにつくられたすべての法律は、ローマでたやすくその跡をたどりうるように、民衆と貴族の対立から生じたもの」だからである。「貴族の野心はきわめて大きいもの」なので、平民が「貴族の野望を抑制する」ことによって、自由な体制が守られる。つまり、マキァヴェッリによれば、元老院を牙城とする貴族につねに平民がいどみ、対立構造を保持したからこそ、共和政のローマは、貴族の専横に流れることなく自由な共和国を維持することができたのである。

有力市民層に属さないマキァヴェッリとは異なり、エリートであるグイッチャルディーニはこのような考えを批判する。グイッチャルディーニによれば、「分裂をほめたたえることは、病人の病気をほめたたえるようなもの」であった。実際フィレンツェでは、有力市民層とポーポロの対立は、共和政を好むマキァヴェッリにとっては不利に働くことになった。最終的に有力市民層を君主政へと追いやることになったからである。

宗教への視点

最後にみていきたいのは、宗教の問題である。中世末期のイタリアでは、すでに教会や聖職者への批判はかなりおこなわれてきた。とはいえそれは、宗教そのものの否定につながるものではなかった。しかしマキァヴェッリは、単に聖職者を非難するだけではない。彼が信心の問題については冷淡であったことを、グイッチャルディーニのマキァヴェッリ宛の書簡が示している。マキァヴェッリは、四旬節にフィレンツェ大聖堂で説教をする説教師の選出を依頼されていたのだが、グイッチャルディーニによると、それは男性の同性愛者▲に、

▼**同性愛**　同性愛は宗教的な罪であり、社会秩序を乱すものとして、法においても禁じられたものであったが、少年と若者の間ではかなり一般的におこなわれていたといわれている。

▼**マルティン・ルター**（一四八三〜一五四六）　ドイツの宗教改革者。一五一七年十一月に「九十五カ条の論題」を発表し、贖宥状の販売を非難した。この文書は、ドイツのみならず、ヨーロッパ中で大きな反響を呼んだ。その後ルターは、教皇の首位権および公会議の絶対確実性を否定し、宗教改革を指導することとなった。

「友人のために美しくて粋な妻を見つける」仕事を依頼するのと同じようなことだという。さらに彼は書いている。「この年になって信心深くなったりしたら、あなたの名誉は傷つくというものです。あなたはこれまでずっと逆の生き方をしてきたのですから。そんなふうになったら、回心したとはいわれず、ボケたといわれるでしょう」。

グイッチャルディーニ自身、それほど信心深いわけではない。例えば、『リコルディ』のなかで、「信仰心ということは、すじの通らないことがらでも、信じこんでしまうということにほかならない」（C1）として、頑迷な信仰を批判しているし、それどころか、教皇庁に仕えているという事情がなかったら、「私は自分自身よりもルター▲を愛したことであろう」（C28）とまでいっているのである。このようなグイッチャルディーニに揶揄されるほど、マキァヴェッリは無信心者として有名だったのである。

一方で彼は宗教の有用性を認めている。この場合、「宗教」はキリスト教でなくてもいい。それどころか有用性の点では古代の宗教のほうがいいと、マキァヴェッリはいっている。というのも、「古代の異教徒は現世の栄誉に重点をおき、これを最高の善と考えていたので、古代人の行動には一段と力がこもって」おり、その結果、現代の人間よりも「自由に対して激しい愛着を燃やす」こともできたからである。それに比べて、マキァヴェッリの時代のキリスト教は、「行動的な人物よりは目立たない瞑想的な人物をもち上げ」、「服従、謙遜をもっとも尊いことと考えて、人間が対処しなければならない日常の事柄をさげすむ」。その結果「世の中はますます惰弱となって、極悪非道な連中の好餌」になってしまうのである（『ディスコルシ』Ⅱ‐2）。だから彼はサヴォナローラ▲を高く評価する。サヴォナローラは、一四九四年にメディチ家が追放されてのち、政治にも大きな影響力をもった修道士である。マキァヴェッリの言葉によれば「かの偉大なるサヴォナローラ」は、決して受け身ではなく、宗教の力を使って人々を率いた。サヴォナローラのキリスト教は、恐れに基礎をおく政治的な力として、そして一般の人々の深いところに根を張っている文化の表現として、マキァヴェッリが評価する古代の宗教と同じものをもっていたのである。

　マキァヴェッリの本心はわからない。しかし彼は、少なくとも彼の著作や書簡からみるかぎり、宗教を社会的有用性の観点からみていた。宗教が、一般の

▼ジロラモ・サヴォナローラ（一四五二～九八）　フェッラーラ出身のドミニコ会修道士。一四九一年にフィレンツェのサン・マルコ修道院長となる。メディチ家を批判し、過激ともいえる教会改革を説く。彼の預言的説教は多くのフィレンツェ人を惹きつけ、メディチ家追放後の時代には大きな政治的影響力ももつことになる。しかしローマ教会と対立し、異端とされ、最終的に市民の信頼も失い、火刑とされる。（フラ・バルトロメオ作、フィレンツェ、サン・マルコ美術館蔵）

人々の心の奥にある信仰や恐れの表現であるとするならば、それを利用して法や社会的な振る舞いへの基礎をつくることができる。つまり宗教は、一般市民を政治的にコントロールする道具になると考えていたのである。この時代にここまで冷めた目で宗教を語ったということ、これもマキァヴェッリの革新の一つである。

②―書記官マキァヴェッリ

マキァヴェッリの生きた時代

中世末期のヨーロッパでは、フランスやのちにスペインを形成することになるカスティーリャのような君主国で、徐々に君主権力が強化されていった。広大な領土をもつこれらの国々は、君主権力の伸長とともに、多くの兵士からなる軍隊をもつことができ、また税の徴収によって豊富な軍資金をもつことができるようになっていった。商業が発展し経済的に豊かなイタリアはこれら君主国のターゲットとなった。イタリアは、多くの豊かな都市をもっていたが、小さな国家に分裂しており、強力な軍事力をもたなかったためである。

一四九四年、フランス王シャルル八世がイタリアに侵攻し、これによりイタリア戦争が開始される。フランス軍の侵入は、グイッチャルディーニの言葉を借りれば、一四五四年のローディの和以後平和が続いていたイタリアに、「人間を虐げるあらゆる災厄」をもたらした。フランス王の介入によってそれまで保たれていた勢力均衡は破れ、以後、イタリアは、フランスと神聖ローマ帝国

▼シャルル八世（一四七〇～九八、在位一四八三～九八）　フランス王。ルイ十一世の子。一四九四～九五年にイタリアに遠征し、ナポリ王となるが、イタリアの諸国家が同盟を結んで対抗したため、ナポリを放棄してフランスへ敗走。再度のイタリア遠征を準備中に死去した。

▼ローディの和　一四五四年、ミラノ近くのローディで、ミラノ公国とヴェネツィア共和国の間にかわされた和約。そののち、フィレンツェ共和国を加えた防衛同盟に発展。翌年には教皇庁とナポリ王国も参加し、これによってイタリアに平和がもたらされた。

およびスペインによる覇権争いの場となるのである。この「イタリア戦争」の最終的な解決は一五五九年のことである。その間に、イタリアの各国は外国勢力に翻弄され、最終的にミラノ・ナポリ・シチリアはスペイン支配下におかれ、フィレンツェは一五三二年に君主国へと姿を変えることになる。この終結のときまで、イタリアの各国は、絶え間ない戦争と外交努力、そして金策へと駆り立てられることになる。マキァヴェッリも、そしてマキァヴェッリの故郷フィレンツェもこのなかで翻弄されるのである。

十五世紀のフィレンツェは、現在のトスカーナ州とほぼ同じくらいの領域を支配する共和国であったが、一四三四年にコジモ・イル・ヴェッキオ▲が政治の実権を握って以来、メディチ家が指導的な立場を保持していた。共和国の体裁は変わらなかったが、三代目のロレンツォ・イル・マニフィコ▲はローマの名門貴族オルシーニ家の娘と結婚、二男ジョヴァンニを枢機卿として国際的な名声を獲得する一方で、独裁的な傾向を強めていた。ロレンツォは一四九二年に死亡し、長男ピエロ▲が後を継ぐ。しかしピエロは若いにもかかわらずより君主的な態度をとり、有力市民の心は離れていった。そして九四年、ピエロは、フィ

▼コジモ・デ・メディチ（一三八九〜一四六四）　通称コジモ・イル・ヴェッキオ。銀行家として財をなし、その財力とコネクションを利用して、政治の実権を握り、メディチ家の権力を確立した。本人はあまり要職にはつかず、支持者を政府に送ることで権力を維持した。死後、フィレンツェ共和国から「祖国の父」の称号を与えられる。

▼ロレンツォ・デ・メディチ（一四四九〜九二）　通称ロレンツォ・イル・マニフィコ。父はコジモ・イル・ヴェッキオの長男ピエロ。父の死により若くしてメディチ家の当主となるが、メディチ家の支配的な地位を保持した。

▼ピエロ・デ・メディチ（一四七二〜一五〇三）　ロレンツォ・イル・マニフィコの長男。二〇歳でメディチ家の当主となるが、フィレンツェ市民から反発を買い、メディチ家はフィレンツェから追放されることになる。その後フィレンツェにもどる試みをするがはたせず、ナポリ王国をめぐるスペイン軍とフランス軍の戦いに加わり、死亡した。

●一五五九年のイタリア

●ヴェッキオ宮殿外観(上)と宮殿内にある当時の書記局のあった部屋(下)。

●シャルル八世のフィレンツェ入市　メディチ家の追放後、フランス王シャルル八世はフィレンツェに入り、新しい政府と交渉をした。(フランチェスコ・グラナッチ作、ウフィツィ美術館蔵)

●ヴェッキオ宮殿の五百人広間　大評議会開催のために、市庁舎であったヴェッキオ宮殿につくられた。

レンツェ共和国の国境までやってきたフランス軍と単独で交渉し、屈辱的な条件でフランス軍の領内の通過を認めた。これに憤激した有力市民が立ち上がり、メディチ家はフィレンツェから追放されることになった。

フィレンツェには、より多くの市民が参加できる大評議会▲が設立された。これまで政治に参加できなかった中層の市民にも門戸が開かれた点で革新的である。マキァヴェッリはこれにも参加の権利はなかったが、この体制こそが彼にとってあるべきフィレンツェ政府の姿であった。メディチ家抜きの共和政が約六〇年ぶりに再開されたのである。当初この政府は修道士サヴォナローラの強い影響を受けており、厳格な風紀の取り締まりもおこなわれた。知識人や芸術家を含む多くのフィレンツェ人が、自らの堕落を意識し、前非を悔いたという。しかしサヴォナローラは説教を過激化させ、教皇まで批判するようになった。

時の教皇アレクサンデル六世▲は彼を破門し、フィレンツェ政府は彼の説教を禁止した。そして一四九八年、サヴォナローラが「火の試練▲」の挑戦を受けたにもかかわらず、当日それが延期とされたため、民衆の心が離れた。翌日、反サヴォナローラ派の群衆が蜂起し、サヴォナローラは逮捕された。五月二十三

▼大評議会　ヴェネツィアをモデルにつくられた最高議決機関であり、三〇〇〇人以上の者がそのメンバーに選出されることが可能だった。政治参加ができる者の数としては、フィレンツェ共和国最多である。

▼アレクサンデル六世(一四三一〜一五〇三)　俗名ロドリゴ・ボルジア。スペイン生まれ。チェーザレ・ボルジアの父。野心家として悪名高いが、教皇(在位一四九二〜一五〇三)としての政務には熱心であり、学芸を推進したことでも知られる。

▼火の試練　火のなかを歩いてわたり、けがをしなかったほうが正しいとされる。一種の神明裁判。

▼ピエロ・ソデリーニ(一四五二〜一五二二)　フィレンツェの有力市民。一五〇二年に「正義の旗手」という役職につき、メディチ家の復帰までフィレンツェの政治をリードした。

▼**書記局**　フィレンツェ共和国の書記局は、ヴェッキオ宮殿内におかれていた。今もその部屋は残っており、マキァヴェッリの胸像がおかれている。(二五頁参照)

サヴォナローラの処刑(作者不明、フィレンツェ、サン・マルコ美術館蔵)

日、彼は異端として死刑とされた。

彼の死後、ふたたび政府のあり方が問題となった。有力市民と大評議会を基盤とした中層の市民、サヴォナローラ派と反サヴォナローラ派など、さまざまな党派の思惑のなか、大評議会は維持された。しかし政府の議長格だった「正義の旗手」(四四頁参照)という役職が終身とされ、大統領のような役割を担うことになった。「正義の旗手」には、有力市民であるが大評議会に好意的な、ピエロ・ソデリーニ▲が選ばれた。このソデリーニのもとで、マキァヴェッリはいわば彼の腹心として活躍するのである。

大使としてのマキァヴェッリ

マキァヴェッリは、一四九八年五月に異例ともいえるわずか二八歳で、伝統的に人文学に秀でた者が就任することの多いフィレンツェの書記局▲にポストをえた。これは彼がしっかりした人文学教養をもっていたからこそ可能になったことだろう。ただし、気をつけなければならないのは、書記という役職は評議会などで活躍できる有力市民は決して就任しないポストであった。有力市民からなる政府の決定のもと、実質的な仕事をするのが書記たちであり、彼らは、有力市民よりも下の階層の出身者たちであった。マキァヴェッリ家自体は有力市民の家柄であるが、少なくともわれらがニッコロ・マキァヴェッリの分家は、この階層には入らなかったのである。

書記局の仕事は、政府の決定にもとづいて、内政、外政、軍事の事務全般を取り仕切ることにある。第二書記局に配属となったマキァヴェッリは、とくに外政や軍事にたずさわっていた。書記といっても、役所にこもって書類を書いているだけが仕事ではない。しかもマキァヴェッリは、書記局の同僚によれば「馬を駆っていつもあちらこちら出かけることを熱望してやまない」というタイプであった。切れ者で活動的なマキァヴェッリは、この書記局で、書記の枠をこえた大きな仕事をおこなう。その仕事は大きく二つのタイプに分けることができる。一つは外交官としての仕事、もう一つは軍隊に関わる仕事である。

大使の仕事はふつう、書記のような役職についている者にではなく、有力市民にまかされるのが通例だが、有能であり政権のトップであったピエロ・ソデリーニの信頼が厚かったマキァヴェッリはいくつもの大使職についている。お

▼カテリーナ・スフォルツァ（一四六二頃〜一五〇九）　ミラノ公ガレアッツォ・マリア・スフォルツァ公の庶出の娘。イーモラ・フォルリ公ジローラモ・リアーリオの妻。フォルリで反乱のさい、要塞に逃げ込んだが、子どもを人質にされて、「子どもなどもっと産める」といって、スカートをまくってみせたという逸話が残されている。リアーリオの死後、メディチ家傍系のジョヴァンニと結婚。のちに出てくる黒旗隊のジョヴァンニの母となった。

もだったところでも、一四九九年にはイーモラの女領主カテリーナ・スフォルツァ▲のもとへ、一五〇〇年にはフランスへ、〇二〜〇三年にかけてはチェーザレ・ボルジアのもとへ、〇三年と〇六年にはローマへ、〇七年には皇帝マクシミリアン一世のもとへと、かなり重要な任務にも派遣されている。これはマキァヴェッリの有能さを物語るものだろう。

　そのマキァヴェッリが、使節として派遣されることになった友人に宛てた「ラファエッロ・ジローラミに与える書」の冒頭で、次のようにいっている。「使節として一国の外交を委ねられることは、市民の名誉の一つであり、その任にふさわしい人でなければそのような役目を任されることはない」と。

　しかしこれは理想であって、現実ではない。とくにフィレンツェのような共和国においては、すべての市民が大使になることを名誉と感じていたかどうかはかなり疑わしい。というのも、君主国においては君主のために大使となることは名誉であり、物質的な褒賞だけではなく、君主の信頼をえて、実入りのいい役職や貴族の地位につくといった無形の褒賞も期待できたが、共和国の市民にはそのような褒賞はなかったからである。むしろ、有力市民にとって、大使はちょっと敬遠したい仕事であったらしい。そのおもな理由は、大使に要求される経済的出費である。大使となると、国家から支払われる報酬では支出をとてもカバーできず、基本的に身銭を切らざるをえなかったのである。しかも十六世紀以降のイタリアは、アルプスの北の国々に翻弄され、外交には細心の注意が必要とされた。大使の苦労は並大抵のものではなかったのである。大使職をいやがる市民は多く、ジェノヴァやヴェネツィアといった共和国では、大使の職を拒否することを禁ずる法がつくられたほどである。

実際マキァヴェッリも使節で外国に滞在する間、金の工面に困っている。フランスでは、到着早々「現金もなければ信用もない」ので、報告書を送るのにも難儀している。さらに到着の二カ月後には、「出発時にいただいた八〇ドゥカーティのうち、三〇ドゥカーティは駅馬代に消え、リヨンですっかり支度を整えねばならず、相変わらず三頭の馬とともに宿屋暮らしですので、懐中無一文ではやっていけません」と書いて、政府に追加給費を要求している。またチェーザレ・ボルジアへの使節行では、ボルジアがいたイーモラに着いて二週間後にすでに「政府よりいただいた資金ももはや使いはたし」ている。そしてその一カ月後、マキァヴェッリはまだボルジアのところにおり、すでに「借金を重ね、これまでに七〇ドゥカーティに」なっているため、「小生の暮らしが立つよう金をお送りください」と頼んでいる。

外交システムが早くから整っていたことで有名なヴェネツィアでも同様である。一五九四年に皇帝の宮廷に大使として赴いていたトンマーソ・コンタリーニは、「大使の俸給は、食料品・厩舎・パンと葡萄酒をカバーするだけである。大使の体面を保つためには自己資産に頼らなければならなかった」と書き残している。

またフランスやスペインといったアルプスの北の国々へ大使として行く場合、宮廷で生活し、宮廷のしきたりを遵守することが求められた。十五〜十六世紀にはいまだ洗練された礼儀作法は定着しておらず、宮廷作法も厳しくなかったとはいえ、都市の世界とは根本的に異なり、むしろ軍人としての貴族のエートス(習慣)が基本となっている宮廷に、基本的に商人である共和国の有力市民層は居心地の悪さを覚えたという。だからこそ、大使の職に喜んでつく者は多くなく、その大使の任務が困難であることが予想される場合はなおさらであった。

マキァヴェッリも、フランスに使節として行ったとき、そののちにやってくるはずのフィレンツェの正式な大使がなかなか決まらなかった経験をもっている。フィレンツェが君主国となり、忠実な臣下を大使として派遣し、メディチ家の人脈をエージェントや情報提供者として利用するようになると、外交の世界も変わっていく。しかしイタリア戦争のなか、資金も不足し、国際的な政治ネットワークももたないフィレンツェ共和国の大使たちは、大変な苦労をしいられていた。有能なマキァヴェッリは、宴会や賭けごとまで利用して情報を収集し、フィレンツェのために力をつくしたが、ときには大きな成果もなく帰国しなければならなかった。

マキァヴェッリの活動と傭兵への不信

マキァヴェッリのもう一つの大きな活動は、常備軍の創設である。

そもそも当時のイタリアの諸国家は、市民軍をもたず、戦争のさいには傭兵を雇うのが一般的だった。しかしマキァヴェッリは傭兵制度を痛烈に批判する。彼によれば、傭兵たちは「しごく安全に戦った。全員は馬上にあって甲冑に身を包み、もし戦死すると感じれば、いつでも降伏したのであり、戦死しなければならないようないわれもなかった。戦闘中は武器で身を守り、もはや戦えないと分かれば降伏することで身を守った」のであり、決して真剣に戦うことはなかった。彼以前に歴史書を書いた者たちが七〇人から数百人の死者がでたといっている戦いについても、彼は傭兵を悪くいうあまり、死者はまったくでなかったと書いているほどである(『フィレンツェ史』Ｖ-33)。しかも傭兵を使うと、「勝ちはしても敵を抹殺できないで、掠奪品や身代金が我がものとはならず、配下の兵士に横取りされる」ため、「勝利ゆえに貧困化する」。「勝利は、まず最初に国家の金庫を空っぽにし、つぎには人々を貧困にすることを意味し、しかもその勝利は君の敵から君を守ってくれない」。(同Ⅵ-1)

マキァヴェッリの傭兵批判の背景には、イタリア全体がおかれていた状況がある。常備軍をもたず、戦時のみ傭兵を雇っていたイタリア諸国家は、イタリア戦争のなかで、強大な軍事力をもつフランスや神聖ローマ帝国、スペイン軍の攻撃に張り合うことはできなかった。しかもフィレンツェは、ほかのイタリア諸国よりもひどい状況にあった。イタリアでも、傭兵制度は変化しつつあっ

▼**ピサ**　ピサはフィレンツェの西にある海港都市。十二世紀には商業都市として栄えたが、一四〇六年にフィレンツェに征服される。九四年にフィレンツェから独立するが、一五〇九年に再征服される。

ピサの洗礼堂、大聖堂、斜塔

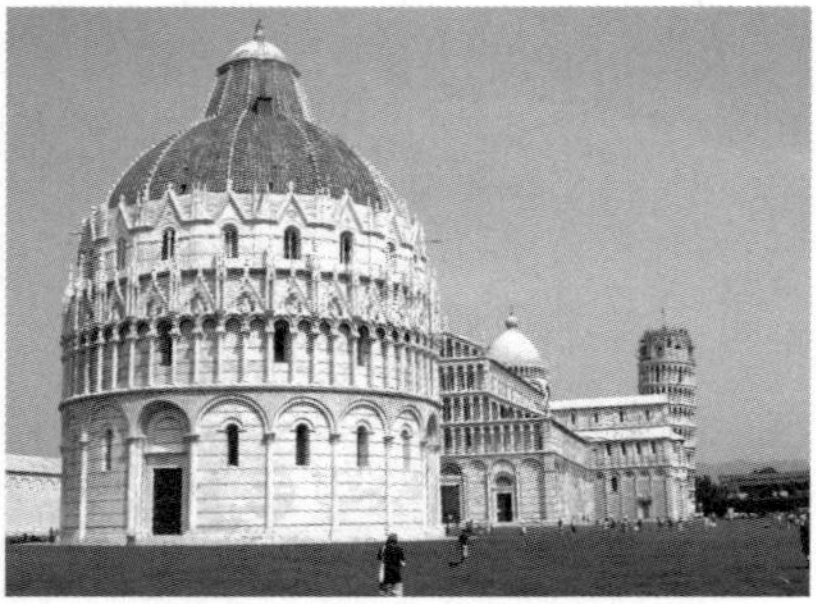

た。例えばミラノのスフォルツァ家は傭兵たちに土地を与えることによって、そこに根づかせ、一種の常備軍をつくろうとした。またヴェネツィアも傭兵隊長を定着させるために、契約期間をできるだけ長くしようとしていた。しかしフィレンツェは、相変わらず必要なときだけ傭兵を雇うというスタイルをとり続けており、戦争のたびに傭兵隊長を雇うにも苦労するありさまだったのである。しかもフィレンツェは、シャルル八世のイタリア侵入をきっかけに、ピサ▲を失うことになった。

フィレンツェ支配下にありながら、フィレンツェにはつねに敵対的であり、自由を望んでいたピサがフィレンツェのくびきを離れたということは、フィレンツェ自体にとっても危険なことであった。以後、フィレンツェはピサの奪回に全力をつくすが、ピサも抵抗する。一四九九年には、ピサを奪取できたのにしなかった裏切り者として、フィレンツェ軍を指揮していた傭兵隊長が首をはねられた。さらに一五〇五年にも、フィレンツェ軍がピサの市壁に大砲で大きな穴をあけたのに、歩兵隊が突撃せず、結局戦線を放棄せざるをえなくなる事件もあった。このような状況が、マキァヴェッリに傭兵批判をさせ、常備軍を

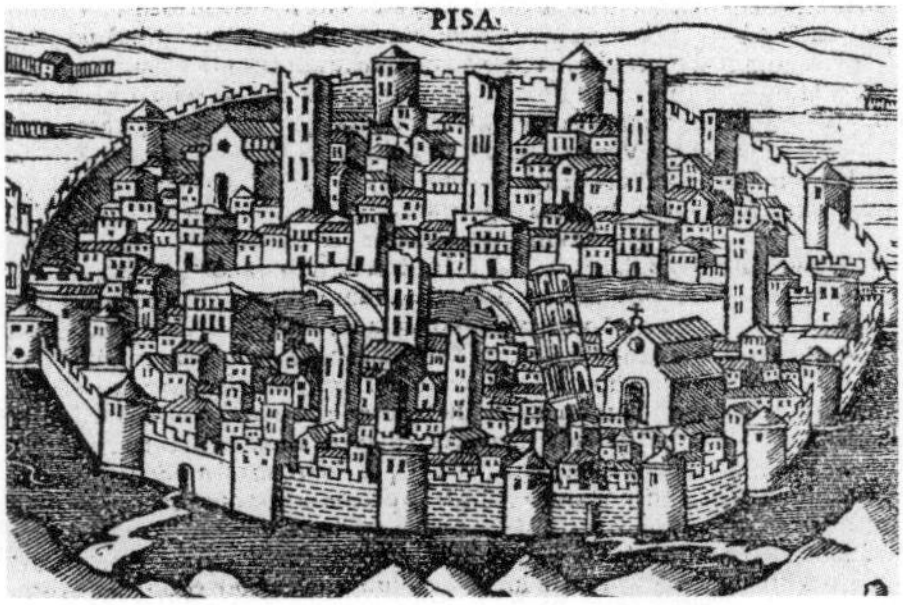

『年代記補遺』のなかのピサ（フォレスティ作、ヴェネツィア、一五三三年）

▼ミゲル・デ・コレリャ（?〜一五〇八）　スペイン人。イタリアではドン・ミケーレあるいはドン・ミケロットと呼ばれる。チェーザレ・ボルジアが教皇ユリウス二世に捕縛されたのち彼もとらわれるが、おそらくマキァヴェッリの仲介で、フィレンツェ軍の指揮官となる。この職を解かれたのち、ミラノで殺害される。

創設させることになるのである。

すでに一五〇三年、マキァヴェッリは領民から徴兵して常備軍をつくろうとしていた。ソデリーニの後ろ盾はあったが、反対派もいた。有力市民層の多くが一四九四年以降の体制の特色である大評議会に反対であり、大評議会に代表される体制を保持する姿勢を明確にしたソデリーニに対立したのである。マキァヴェッリは彼らの反対を押し切るための方策を探す一方で、軍を市民に見せて賛意をえるために、〇六年の一月にはフィレンツェ近郊に自ら徴兵に出かけた。軍事訓練をおこなう担当者は、チェーザレ・ボルジアの腹心であったミゲル・デ・コレリャ▲である。こうして同年二月十五日、カーニヴァルの日に閲兵式がシニョーリア広場でおこなわれた。それを見た市民ランドゥッチは、「フィレンツェ史でこれまでおこなわれたことのない素晴らしいものだった」と日記に記している。そして常備軍は、十二月に正式に発足した。〇九年についにピサが陥落したとき、マキァヴェッリの軍隊は戦闘こそしなかったものの、包囲を固める役割をはたしたのである。

しかし一五一二年にフィレンツェ近郊のプラートがメディチ家の復帰を狙う

スペイン軍によって襲撃されたとき、マキァヴェッリの軍隊にそれを防ぐ力はなかった。メディチ家のフィレンツェへの復帰後、彼の軍隊も解散されることになる。マキァヴェッリはその後もう一度、軍隊に関わる。一五二六年、彼はメディチ政権のもとで市壁管理官に任命され、のちにグイッチャルディーニのもとで、前線に派遣されるのである。

マキァヴェッリは、『君主論』(XII)で、「新旧いずれもの国家が有する主要な礎こそよき法律とよき軍隊なのである」といっている。しかしまず必要なのは軍隊である。「よき軍隊がなければよき法律もありえず、よき軍隊が存在すればよき法律もまたおのずと生み出されてくる」からである。激動する十六世紀前半のイタリアにおいて、軍事力は必須であった。しかも必要とされていたのは多くの歩兵からなる大量の軍隊である。それは新しい時代の幕開けを告げるものであった。しかしそれを欠いていたイタリアの諸国家は、翻弄されるしかなかったのである。

③―共和政と君主政

メディチ家の復帰

一五一二年、フィレンツェへの復帰を狙うメディチ家は、ローマ教皇ユリウス二世▲やナポリ王の援助を受けて、軍をフィレンツェに派遣した。第二章で述べたプラートへの襲撃を聞いたソデリーニは亡命し、メディチ家がふたたびフィレンツェの支配者となった。これにより、ソデリーニの側近と考えられていたマキァヴェッリは、書記局のポストを解任された。

さらに悪いことは続いた。同年二月、メディチ政権に反発をいだき、政権転覆計画を企てていたアゴスティーノ・カッポーニとピエトロ・パオロ・ボスコリのうちどちらかが、計画に賛成してくれそうな人物を書いた紙を落とした。このなかにマキァヴェッリの名前があったのである。紙きれの名前以上に不利な証拠はなかったようだが、彼は投獄され、拷問▲にかけられた。マキァヴェッリ自身が釈放されてからの書簡で書いているように、「運命はあらゆる手をつくして私をいたぶった」のである。

▼**ユリウス二世**(一四四三～一五一三)　俗名ジュリアーノ・デッラ・ローヴェレ。アレクサンデル六世を継いで教皇(在位一五〇三～一三)となり、チェーザレ・ボルジアを破るなど、いくつもの軍事的作戦を成功させた。教会改革をおこなう一方、ラファエッロやミケランジェロなどに庇護を与えたことで知られる。

▼**拷問**　拷問はこの時代には一般的におこなわれているものであり、マキァヴェッリがとくにひどい目にあったというわけではない。

▼**レオ十世**（一四七五〜一五二一、在位一五一三〜二一）　イタリアをめぐる外国勢力の争いにおいて、外交手腕を発揮。学芸の庇護者として知られる。教皇庁の財政を補うために贖宥状を販売し、これがルターによる宗教改革を引き起こすことになる。（クリストーファノ・デッラルティッシモ作、ポッジョ・ア・カイアーノのメディチ家の別荘蔵）

しかもメディチ家復帰の翌年の一五一三年、ジョヴァンニ・デ・メディチ枢機卿がレオ十世▲としてローマ教皇に選ばれる。以後、二七年にふたたびメディチ家がフィレンツェから追放されるまで、フィレンツェは実質的にローマ教皇の支配下におかれることになった。マキァヴェッリは、レオ十世が教皇になったことを祝う大赦で釈放される。しかし、一年間のフィレンツェ領内への禁足と保証金一〇〇〇フィオリーニの支払いを命じられ、さらに政庁への立ち入りも禁止された。この保証金はかなりの高額で、マキァヴェッリは借金をして支払った。その後一五二〇年まで、彼はメディチ政府のもとでなんの役職にもつくことはできなかった。この時期に、彼は主著といえる『君主論』や『ディスコルシ』を書くことになる。『君主論』は一五一三〜一六年の間に、『ディスコルシ』は一五一三〜一九年の間に執筆された。

資金不足のため、釈放当初、彼は所有していた田舎の山荘で暮らしていたが、その後はフィレンツェにもどり、有力市民コジモ・ルチェッラーイが主催する「オルティ・オリチェッラーリ」と呼ばれる古典や文学、歴史を語る有力市民たちのサークルに参加する。『ディスコルシ』はこのサークルの長コジモ・ルチェッラーイともう一人のメンバーであるザノービ・ブオンデルモンティに捧げられた。彼らの信条は自由な共和主義であり、一五二一年に起きたジュリオ・デ・メディチ枢機卿▲暗殺計画の首謀者は、このサークルの出身者であった。その一人は、マキァヴェッリが著作を捧げたザノービ・ブオンデルモンティである。

マキァヴェッリの理想とは

『君主論』は君主に対するアドバイスの書であり、『ディスコルシ』は共和政をよしとして論じる書である。この二つの書は、対立する政治思想を表明しているとされ、マキァヴェッリの一貫性が問われる、あるいは共和政主義者から君主政支持者への変節として非難されることもある。しかし本書では両者の間に矛盾はない、という立場をとる。これは鹿子《かこ》生《お》浩輝《ひろき》氏がその著書『征服と自由――マキァヴェッリの政治思想とルネサンス・フィレンツェ』で指摘していることであるが、そもそも『君主論』は、無為の日々にあったマキァヴェッリが、メディチ家にいわば取り入ろうとして、メディチ家のジュリアーノ▲に献呈

▼ジュリオ・デ・メディチ枢機卿（一四七八〜一五三四）　ロレンツォ・イル・マニフィコの弟ジュリアーノの庶子。一五二三年にクレメンス七世（在位一四七八〜一五三四）として教皇となる。イタリアをめぐる外国勢力との外交に努力したが、ローマ劫掠を招いてしまう。

クレメンス七世（デッラルティッシモ作、ポッジョ・ア・カイアーノのメディチ家の別荘蔵）

▼ジュリアーノ（一四七九〜一五一六）　ロレンツォ・イル・マニフィコの三男で、レオ十世の弟。フランス王フランソワ一世の母方の叔母と結婚するが、病弱であり一年後に三七歳で子どもを残さずに死亡。結婚のさいヌムール公の称号をえたため、ヌムール公ジュリアーノと呼ばれる。

▼ウルビーノ公ロレンツォ(一四九二〜一五一九)　ロレンツォ・イル・マニフィコの長男ピエロの息子。独裁的な傾向のため、フィレンツェ市民には不人気だった。ウルビーノの攻略に成功し、ウルビーノ公の称号を獲得。フランスのオーヴェルニュ伯の娘と結婚するが、翌年に死亡。子どもは女児カテリーナ(のちのフランス王妃カトリーヌ・ド・メディシス)一人。(デッラルティッシモ作、ウフィツィ美術館蔵)

するために書いた著作である。当時ローマ教皇レオ十世は、自らの一族に君主国を与えようとしていた。マキァヴェッリ自身、それを知っていたのは確かである。一五一五年一月三十一日の書簡で、「人々のうわさで聞いたのですが、彼〔ジュリアーノ〕がパルマ・ピアチェンツァ・モデナ・レッジョの支配者になるとのことです」と書いている。

マキァヴェッリの同時代人でやはりフィレンツェ人のバルトロメオ・チェッレターニ(一四七五〜一五二四)によれば、レオ十世はジュリアーノをナポリ王に、ウルビーノ公ロレンツォ▲をミラノ公にとさえ考えていたという。ローマ教皇は世襲制ではないため、教皇在位時代に自らの家に世襲の領土を与えて一族の名誉の安定をはかろうとすることはめずらしいことではない。実際、パルマ・ピアチェンツァは一五四五年に、ファルネーゼ家の教皇パウルス三世▲によって彼の一族に君主国として与えられることになる。またウルビーノ公国▲はレオ十世によってメディチ家のロレンツォに与えられている。

しかしマキァヴェッリがフィレンツェにふさわしいと思っていたのは、共和政体である。『ディスコルシ』において彼は、「共和国は君主国よりも生命力が

▼**パウルス三世**（一四六八〜一五四九）　俗名アレッサンドロ・ファルネーゼ。クレメンス七世を継いで教皇（在位一五三四〜四九）となった。親族縁故主義で有名。イエズス会の認可、トレント公会議の開催など、カトリック改革に尽力し、学芸の保護者としても知られる。（ティツィアーノ作、カポディモンテ博物館蔵）

▼**ウルビーノ公国**　現マルケ州に位置する小国。モンテフェルトロ家のもとでルネサンス文化が発展したことで知られる。モンテフェルトロ家の断絶のため、一五〇八年に、フランチェスコ・マリア・デッラ・ローヴェレが公国を相続した。

あり、より長期的に幸運を享受する」と言明し、共和国の君主国に対する全般的優位性を説いている。『ディスコルシ』の目的は、ローマ共和国が大帝国にのぼりつめることを可能にしたものはなにかを探ることである。マキァヴェッリの答えは、「自由」である。「経験が教えるところでは、都市は自由を手にしない限り、支配権を増すことはなかった」のである。ローマは、「国王たちの支配から自由となって」「偉大になった」。そしてその自由を保持していくために必要となるのが、政治的コントロールの道具としての宗教、共同体の利益を優先させるための法、民衆と貴族双方の権力の独占を防ぐための階層間の対立なのである。

　マキァヴェッリの理想は、質実剛健で、善意と宗教心に満ちた古代のローマ人である。しかしマキァヴェッリの時代は、堕落した時代である。イタリアは、「他に抜きんでて堕落」しているし、フランスやスペインも「堕落の傾向がある」。唯一「高度の善意と宗教心」を保っているとされるのは、「ドイツ」である。この「ドイツ」とは、スイスや南ドイツの州や都市などを指す。これらの地域は、「政治的に独立を誇り、堕落することもなしに統治されている」。理由は二つある。一つは「近隣諸国とたいした交渉をとり結んでいない」ため、堕落したほかの諸国の「習慣を受け入れないでもすむから」である。もう一つの理由は、「その市民のうちの誰一人として、貴紳▲として取り扱われたり、あるいは貴紳の作法に従って生活することが許されていないこと」、「それどころではなく、彼ら市民の間には、平等の原則が確立している」ことである（『ディスコルシ』I-55）。マキァヴェッリにとって、市民の間に平等の原則が成立している共和政こそが理想であったことがわかるだろう。

▼**貴紳**　マキァヴェッリのいう「貴紳」とは、貴族の称号のあるなしにかかわらず、土地からの収入をもち、生活の資をえるための仕事をせず、貴族のような生活をするものを指す。

フィレンツェ共和国の政治思想

フィレンツェ共和国は、「自由」であることを追求し、それを誇りとしてきた。その伝統は古く、都市の共和政体が内外からの危険にさらされた十三世紀に遡る。「自由」というテーマは人文主義に受け継がれ、十五世紀初めには、「フィレンツェの自由」が称賛され、高らかに謳いあげられることになる。しかし十六世紀の混沌とした状況のなかでは、「自由」を守るのは困難な状況になっていた。この時代のフィレンツェの「自由」とは、二つの意味をもつ。一つは外国勢力からの独立であり、もう一つはフィレンツェが君主政ではなく、市民が政治をおこなう共和政であるということである。

外国勢力は何度もフィレンツェに迫り、そのたびにフィレンツェでは政権の交代が起こったし、一五一三年に当主ジョヴァンニがレオ十世として教皇に即位して以来、メディチ家がフィレンツェの君主になる可能性も徐々に高まっていた。「自由」という言葉も乱用される。マキァヴェッリは、「人々のうちのごく少数の連中は、実のところ、自分が命令する立場になりたいから自由を求めるのであり、その他の無数の人々すべてが自由を求めるのは、自分たちの生活の安定を願うからにほかならない」(『ディスコルシ』I-16)と書いているし、グイッチャルディーニも、「自由を説く者たち」は「自分の利益のための思惑で動いている」と断言している(『リコルディ』C66)。

それでもマキァヴェッリが理想としていたのは共和政、しかも古代の共和政ローマをモデルにした多数の人々が政治に参加することができる共和政であった。しかし同じ共和政といっても、当時の有力市民層が理想としていたのは、ヴェネツィア型の国家であった。ヴェネツィアでは、「貴族」と呼ばれる家柄

▼**「正義の旗手」**　「正義の旗手」は政府の議長格で、プリオーレと呼ばれるギルドの代表者からなる六名の市民たちとともに政府の最高機関を形成する。一二九三年に創設された。二カ月任期であったが、一五〇二年の改革で終身制となり、大きな力をもつようになった。最初の終身の「正義の旗手」にはピエロ・ソデリーニが就任した。

に属する有力市民のみが大評議会に参加でき、彼らのみが政治の実権を握っている。フィレンツェの有力市民層たちも、彼らだけが実権を握れる政治を求めていた。グイッチャルディーニの思想にそれは明らかである。

一五二一年に書かれた『フィレンツェの政体をめぐっての対話』において彼が主張するのは、大評議会と終身の「正義の旗手」▲は存在するが、終身の一五〇人のメンバーからなる元老院に大きな権限をもたせ、そこに権力を集中させる制度である。元老院議員になることができるのは、グイッチャルディーニが属し、マキァヴェッリは属していない有力市民層である。そもそも彼は、有力市民以外の者たちをばかにしている。フィレンツェにはたしかに貴族もおらず、みな市民であるはずだが、グイッチャルディーニをはじめとする有力市民は貴族的な意識をもっていたのである。このことは、彼がマキァヴェッリの『ディスコルシ』を考察した『ディスコルシ考』からも明らかである。『ディスコルシ考』は一五三〇年頃、すなわちマキァヴェッリの死後に書かれた著作である。一五二〇年代に両者は固い友情で結ばれていたはずであるが、『ディスコルシ考』におけるグイッチャルディーニのマキァヴェッリ批判は容赦がない。ここには両者の相違がはっきりあらわれているのである。

『ディスコルシ』第一巻五八章「多数の者〔による支配〕は君主〔による支配〕よりも賢明で、また安定している」に対するグイッチャルディーニの反論をみてみよう。

〔支配者の〕数が少ないところでは……より物事に秩序が生まれ、物事はよく考えられ、仕事もよりよく解決される。しかし民衆がいるところには、混乱がある。たくさんの頭が多くの不一致を生み出し、さまざまな判断、さまざまな考え、さまざまな意図があり、筋のとおった議論も、根拠のある判断も、しっかりした行動もできない。人々はあらゆるいわれのない疑いや噂によって容易に動かされる。彼らはそれらを判断もせず、見分けもしない。同じように容易に、かつて害をなした決定にもどり、愛していたものを憎み、憎んでいたものを愛す。民衆を海の波に例えるのはいわれのないことではない。民衆は彼らを引っ張る風によって、規則も安定もなく、あるときはこちら、あるときはそちらに流れるのである。

さらに、

多数の者〔による支配〕には……無思慮と意志の薄弱さ、新しいものへの欲求、節操のない疑い、能力や徳性をもつすべての人々に対するかぎりないねたみしかみられないだろう。

ここでグイッチャルディーニの念頭にあるのは、「少数」の自分たち有力市民と大評議会に代表されるその下の階層、すなわちポーポロであろう。彼は決してポーポロを信用しておらず、彼らが政治をおこなえると考えていなかったことがよくわかる。ここにはグイッチャルディーニのポーポロへの憎しみすら読み取れるように思われる。それは、一五二七年にふたたびメディチ家が追放されたのち成立した「最後の共和国」▲において、急進的なポーポロが実権を握った結果、有力市民が抑圧されたこととも関係しているだろう。

最後の共和国に先立つメディチ家によるフィレンツェ支配の時代(一五一二〜二七年)、メディチ家はまだ決定的に君主国を志向したわけではなかった。フィレンツェはメディチ家の教皇にローマから支配されており、フィレンツェとメディチ家の関係はまだ曖昧なまま残されていた。国の将来が不確かなこの時代、フィレンツェの政体がどうあるべきかについて、多くの著作が書かれた。

▼**最後の共和国**　この「共和国」のあと、フィレンツェは君主国となり、二度と共和国になることのないままピエモンテと合併してイタリア王国が成立するため、このように呼ばれる。

おもな方向性は三つある。一つはマキァヴェッリの立場で、より多くのメンバーが政治に参加できる大評議会型のものである。もっとも、あくまでより多くの者であって、すべての人間が参加できる民主主義をめざしているわけではない。マキァヴェッリは有力市民ではないが、それでも書記局を追われてからの生活を支える郊外の別荘をもっていた。貧しい者まで政治に参加できるシステムがめざされていたわけではない。二つ目はグイッチャルディーニが主張するもので、有力市民による選良の政治である。そしてもう一つはメディチ家による君主政を支持する立場である。

君主政支持の代表者として、ルドヴィコ・アラマンニがいる。彼は一五一六年十一月に「メディチに捧げるフィレンツェの政体を安全にすることについての議論」を書いた。そこで彼は、これまでの体制では多くの市民も幸せではないし、一方でメディチ家の権力強化も困難だとする。フィレンツェは、サヴォナローラ時代にはフランチェスコ・ヴァローリ▲、その後はピエロ・ソデリーニを政権のトップにおいており、もはやトップなしの生き方を知らない。だから解決策はフィレンツェを君主国とすることである。市民とメディチ家は、かつ

▼**フランチェスコ・ヴァローリ**（一四三九〜九八）　ヴァローリ家はフィレンツェの名家。かつてはメディチ派だったが、サヴォナローラに心酔し、一四九四年以後の政治体制においてリーダー的存在となるが、反サヴォナローラ派に暗殺される。

てのように親近感をもったものではなく、君主と臣下の関係、宮廷における君主と宮廷人の関係にならなければならない。老人は宮廷に慣れないだろうが、若者はきっと慣れるだろう。これがアラマンニの議論である。この著作を執筆した時点では、彼はまだ少数派であった。しかし実際、彼の著作の約一五年後に、フィレンツェは君主国となる。

④—歴史をみる目

マキァヴェッリの復帰

マキァヴェッリは、一五一二年以降のメディチ支配下のフィレンツェで、政治に関わる仕事を探そうとした。「運の定めにより絹織物業のことも毛織物業のことも損得勘定のことも皆目《かいもく》わからない私には、政治を語るのが性に合っている」というマキァヴェッリには、それ以外の仕事はできなかった、あるいはやる気がなかったのである。たとえメディチ家のための仕事でも、彼は政治に関わっていたかったのだ。『君主論』の献呈も含む長い努力ののち、二〇年七月に、ある▲ルッカ商人の大規模な破産に対処するためルッカに送られた。市民の依頼であり、公的な仕事ではなかったが、フィレンツェ人の債権者も多かったため、ジュリオ・デ・メディチ枢機卿自身が推薦状を書いてマキァヴェッリを使節として派遣したのである。小さな一歩であった。

そしてその年のうちに、彼は『フィレンツェ史』の執筆を依頼される。正式の契約はフィレンツェ大学とであったが、このとき大学をまかされていたのは

▼**ルッカ**　現在はトスカーナ州の一県であるが、中世以来ルッカは独立した共和国であり、ナポレオンが来るまで独立を保持した。

ジュリオ枢機卿だったから、実質上、メディチ家に依頼されたといえる。その後一五二一年にはカルピのフランシスコ修道会の総会に派遣され(ここでグイッチャルディーニと出会い、彼との友情が生まれる)、二五年にもファエンツァにいたロマーニャ総督グイッチャルディーニのもとに派遣される。かつての書記官のときの活躍にはおよばないが、マキァヴェッリはふたたび政治の世界にもどってきたのである。

マキァヴェッリの『フィレンツェ史』は、ローマ帝国滅亡から始まり、ロレンツォ・イル・マニフィコが死んだ一四九二年までを扱っている。マキァヴェッリ自身が書いているように、当初は三四年、つまりコジモ・イル・ヴェッキオが政権を握った年から書き出そうとしたが変更した。その理由は、共和国の危機とメディチ家の勃興の原因を考察したいという思いがあったからだといわれている。彼は細かい事実などにこだわらない。彼はしばしば、説明なしにできごとの詳細に変更を加えている。彼が求めたのは、原因と結果を同定し、個人や集団の動機や試みを研究し、その効果に光をあてて、フィレンツェの市民社会全体の姿を描き出すことだった。

マキァヴェッリとメディチ

しかしマキァヴェッリには問題が一つあった。パトロンであるメディチ家を喜ばせながら、彼の共和主義の理想を貫くにはどうしたらいいか、である。一五二四年八月三十日にグイッチャルディーニに宛てた書簡で、マキァヴェッリは「褒貶《ほうへん》いずれによるものであれ、侮辱の度が過ぎてはいないかどうか」心配している。侮辱とは、もちろんメディチ家に対する侮辱である。さて、彼は首尾よくこのジレンマを解決したのだろうか。

私見では、たしかにマキァヴェッリはこの問題を解決することはしたが、首尾よくというよりも、かろうじてやってのけた、といったほうがよさそうである。『フィレンツェ史』を読めば、彼がメディチ家を好んでいないのは明らかだ。

彼のジレンマを解決する手法の一つは、メディチ家は擁護するが、側近を攻撃するというものである。コジモ・イル・ヴェッキオは擁護されるが、その側近たちは痛烈に批判される。例えば、コジモの政権掌握後の敵に対する苛烈な処置について語りながら、「彼〔コジモ〕の帰還に手を貸した人たち……は、

▼**ピエロ・デ・メディチ**（一四一六〜六九）　コジモ・イル・ヴェッキオの長男。痛風で体が不自由だったため、「痛風病みのピエロ（ピエロ・イル・ゴットーゾ）」の通称で呼ばれる。反メディチ派の動きを抑え、メディチ家の支配を強化した。

なんの遠慮もなく、自分たちの支配を確立しようと考えた。……執政府は、多くの人たちの追放期限を引き延ばし、変更し、かつ新たに大勢の人たちを追放に処した。こうした党派間の憎しみばかりか、富、縁戚関係、さらに個人的な対抗意識までが市民を苦しめたのであった」（Ｖ-４）。一応コジモそのものを批判はしていないが、コジモによる体制に批判的なことは明らかである。また一四四四年には、「政権を握った側の市民たちは」多くの敵を追放し、「己の陣営に権力と信用を集中させ、かつ政敵とそれと疑わしい人物たちから、誇りを奪った」（Ⅵ-７）とされている。コジモがまったく称賛されないわけではない。しかし称賛されるのは、彼の気質や文化的事業であり、彼がおこなった政治ではないのである。

コジモを継いだピエロ・イル・ゴットーソ▲も、あからさまではないが、遠まわしに非難されている。例えば、ピエロの時代に、亡命者がヴェネツィアを動かしてフィレンツェを攻撃させようとしたことがあったが、マキァヴェッリはこの計画を「暴君に対する自由な民の決起」、「不敬な輩に対する敬虔な人々の決起」（Ⅶ-19）としている。

▼**パッツィ家の陰謀**　一四七八年、フィレンツェの名家パッツィ家が起こした陰謀事件。ロレンツォは助かったが、弟のジュリアーノは暗殺された。

ロレンツォ・イル・マニフィコの扱いは微妙である。パッツィ家がロレンツォと彼の弟ジュリアーノ・デ・メディチを暗殺しようとした「パッツィ家の陰謀▲」については、「若さと権力に燃えるロレンツォは、あらゆることを仕切りたがり、またすべての人が、あらゆる問題に彼の力を認めることを望んだ」ため、「巨富と大変な高貴さを備えたパッツィ家の人々は、これほどの侮辱にはとても我慢できなくなり、どうして復讐したものか、と思案し始めた」(Ⅷ-3)と説明されている。マキァヴェッリがパッツィ家に同情的なのは明らかであろう。ただし最終的にロレンツォは称賛される。一度平和が訪れると、ロレンツォは「その智恵と権威によってその状態を確保しつつ、自らと自分の都市を偉大にすることに精神を傾け」、その結果「フィレンツェ市民は……ロレンツォが死ぬ一四九二年までの間、この上なく幸福な状態で暮らした」からである(Ⅷ-36)。『フィレンツェ史』の最後は、「ロレンツォの死後間もなく、悪い種子が育ち始め、それをえぐり取ることができる人が生きていないために、それは程なくしてイタリアを破滅させ、さらに今なお破滅させつつある」という言葉で終わる。

フィレンツェ礼賛の伝統とマキァヴェッリ

ブルーニは『フィレンツェ史礼賛』のなかで、共同体は内部の安定と個人の創造性という二つのゴールへの到達度で判断されるとしている。つまり、正しく平等な法の保護のもとで、各市民が個人の才能を十分に発揮できる世界が理想の世界なのである。ブルーニによれば、このようなゴールに達したのは、ローマ共和国だけだという。しかしローマ共和国以外では、フィレンツェ共和国だけがそのゴールに十分に到達できる兆候を示しているという。フィレンツェは、「共和国のすべての面に調和を生みだすように我が都市のすべての部分を均衡させることに成功してきた」のである。

一方マキァヴェッリは、同時代のイタリアそしてフィレンツェは堕落しているとする。すでにみたように、『フィレンツェ史』第五巻の冒頭、十五世紀のフィレンツェの歴史の考察に向かうところで、彼はいう。「国外、国内を問わず、われわれの君侯によっておこなわれたことは、古代人の行為とは違って、彼らの徳や偉大さのゆえに驚異の念をもって読む、というわけにはいかない」し、「兵士の勇敢さや軍司令官の力量、あるいは祖国に対する市民の愛について語ること」もできない。世界は腐敗しつつある。みることができるのは、「君主や兵士、そして共和国の支配者たちが自らには値しない名声を保つために、どのような策略や陰謀をもって行動しているか」だけである。彼は歴史の有用性を信じているが、「自由な精神が感動して見習うよう」な歴史は書けない。彼は「そのような精神が現在の悪習を避け、取り除くようゆり動かされる」ことを期待するのみである。もはやフィレンツェは、古代ローマ共和国の理想とはほど遠い、むしろその反対の腐敗の極みにあったというのが、マキァヴェッリの認識である。

グイッチャルディーニも同様である。『イタリア史』の冒頭には、次のような言葉がある。「イタリアは、長年にわたって時に神の正義の怒りにふれたためであれ、時に他の人々の無慈悲さ、邪悪によるものであれ、この世で死すべき憐れむべき人間を虐げるあらゆる災厄に苦しめられてきた」。グイッチャルディーニにとっても、当時のイタリアの歴史は、人々が見習うようなものではなかった。国家がどうなってしまうかわからない危機の時代を生きた彼らにとって、歴史とは徳を教える教師ではなく、なぜ危機にいたったのかという切迫

ベネデット・ヴァルキ（一五〇三〜六五）　ティツィアーノ作、ウィーン美術史博物館蔵

した問題を解くために欠かせない営みであった。

歴史の変化

　ここでちょっと時代をくだって、メディチ家が君主になった時代の歴史をみてみよう。このころには、危機の時代は終わっている。イタリアにおける覇権争いはスペインの勝利に終わり、スペインの影響力のもとでではあるが、そしてメディチ家の君主のもとでではあるが、フィレンツェは平穏を取り戻した。そんななかで書かれる歴史は当然変化する。君主国の初期に書かれたいくつかのフィレンツェ史は、マキァヴェッリやグイッチャルディーニと同様、フィレンツェの危機を説明しようとする。しかし彼らはすでに混乱の渦中にいるわけではない。危機的な過去とは決別した彼らは、不満はあっても平和な時代から遠く過去を臨もうとする。

　そのような歴史家の例として、ベネデット・ヴァルキをみてみよう。共和派であったヴァルキは、一五三〇年代半ば、メディチ家が復活し君主国となったフィレンツェから亡命する。亡命中の彼は、アカデミアでの講演活動などで名をはせ有名人となるが、徐々にパトロンもいなくなり、経済的に困難な状況となる。その時期にフィレンツェの君主コジモ一世に宮廷文学者としてかなりの厚遇を約束されて招聘され、ヴァルキはこの申し出を受けるのである。宮廷文学者として彼がコジモ一世から与えられた仕事の一つが、『フィレンツェ史』である。マキァヴェッリがメディチ家から『フィレンツェ史』の執筆を依頼されて、ジレンマに陥ったように、ヴァルキにもジレンマはあっただろう。しかしヴァルキはマキァヴェッリとは違い、もっと割りきった考え方をしていた。しかもヴァルキによれば、コジモは「率直に物事を書く自由」を与えてくれたという。

ヴァルキは共和政を礼賛する一方で、メディチ家を批判する。教皇クレメンス七世は「冷血で……彼に仕えた人々に値しない」とされ、初代フィレンツェ公アレッサンドロは「放縦で混乱に満ち、専制的で暴力的」とされる一方で、アレッサンドロ公を暗殺したロレンツォ・デ・メディチは称賛され、彼を称えるエピグラムまで挿入されている。ここまではマキァヴェッリと同じである。しかしコジモ一世だけは称賛されている。それはコジモが彼のパトロンだった

▼コジモ一世（一五一九〜七四、在位一五三七〜七四）　初代フィレンツェ公アレッサンドロが暗殺され、メディチ家の直系が絶えたため、傍系であったコジモが二代目の君主に選ばれた。一五六九年には大公の称号を獲得し、以後トスカナ大公と呼ばれる。メディチ家による君主国の基礎を固めた。

▼ロレンツォ・デ・メディチ（一五一四〜四八）　コジモ・イル・ヴェッキオの弟に発するメディチ家の傍系。蔑称としてロレンザッチョとも呼ばれる。アレッサンドロと親密な関係であったが、一五三七年一月五日、彼を暗殺する。のちに暴君暗殺として自らを正当化するが、暗殺直後にはフィレンツェから逃亡しており、真の動機は不明。

からということもあるだろう。しかしそれだけとは思えない。ヴァルキは、マキァヴェッリと同様、フィレンツェ共和国を批判し、その腐敗を指摘する。彼はひかえめにいう、「私は幾度か考えたのですが、フィレンツェ共和国においては、……大評議会のみを除いて、役人にもほかの重要な組織にも、つねに公共のことについての意識が欠けていたのではないかと思うのです」と。だから彼の結論はこうなる。共和政の理想は美しいが、それは実現不可能だったのだ。彼は、一五二七〜三〇年までの最後の共和国について、次のようにいっている。

彼らは、彼らが長い間強く望み、待ち焦がれていた自由が……すでにもはや自由ではなく、専制政治に変わっていることに気づかなかったのです。……幾人かのよい資質をもち思慮もある人々が、これらのことを初めて、公共善に導かれて正しい市民のための政府を提案したとしても、彼らはあまりに少なく、あまりに信用がないので、仲間を増やすことも人に耳を傾けてもらうこともできず、結局ほかの者たちに同意するか、むなしく彼らに反対するしかないのです。……当時のフィレンツェのように、よく組織されていない、それどころか腐敗しきっている共和国では、なにをするのも不可能なのです。そこでは決して有能な人材はあらわれませんし、あらわれたとしても、ねたまれて迫害されるか、軽蔑されるか、追い出されて出て行くか、苦しんで死んでいくしかないのです。

だからヴァルキはコジモ一世を礼賛する。彼が扱った時代はクレメンス七世の時代からコジモの即位までというヴァルキ自身がみてきた時代であり、混迷していたフィレンツェが二代目の君主を迎えて平和を取り戻すまでの時代である。「コジモ公の寛大さが、安楽と快適さをわれわれに与えてくれた」時代に彼は生きている。共和政そのものが、彼にとっては過去であり、共和政そのものを彼は断罪する。マキァヴェッリのみることのなかった現実がそこにある。そのために、歴史をみる目も変化したのである。

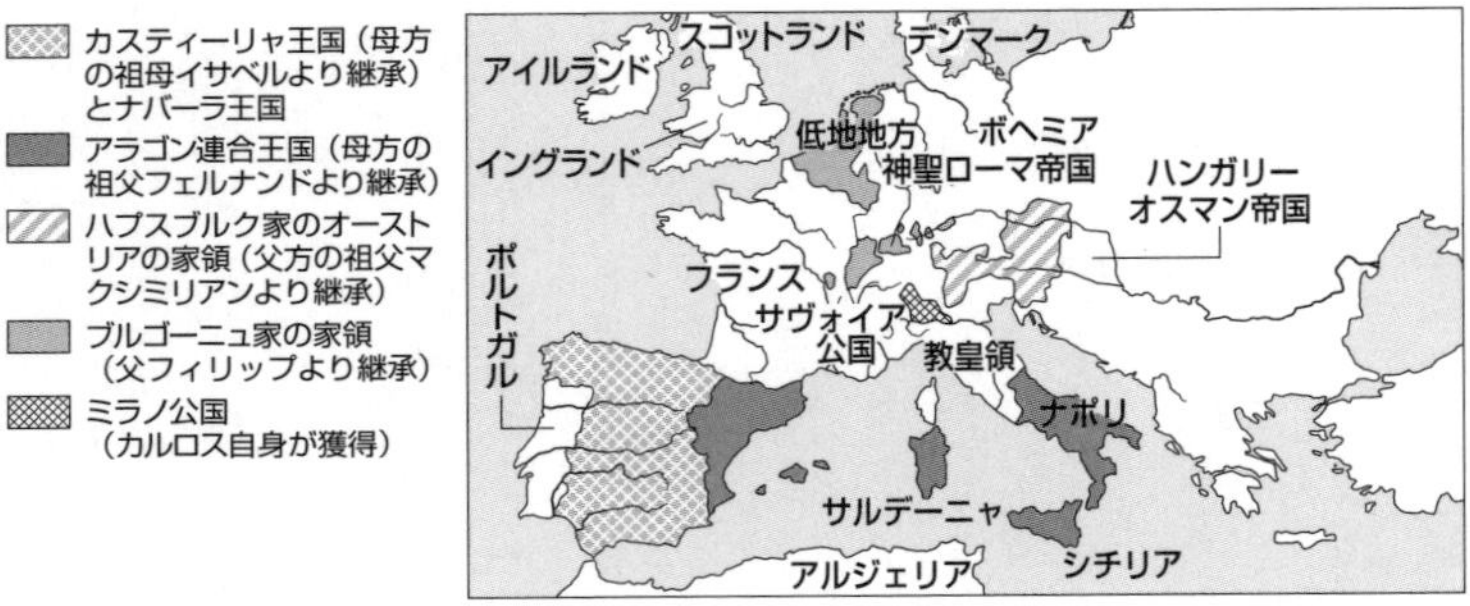

カール五世の帝国

⑤—近世の国家へ

最後の共和国から君主国へ

一五二六年、二人目のメディチ教皇クレメンス七世は、イタリアにおける覇権を争うフランスと神聖ローマ帝国＝スペインの争いのなかで、皇帝カール五世を裏切り、フランスと同盟を組んだ。フィレンツェをはじめとするイタリアの諸国家やイギリスも参加したこの同盟は、コニャック同盟と呼ばれている。しかしこの同盟は皇帝の報復を招くことになった。ランツクネヒトといわれるドイツ傭兵軍がイタリアを南下し、グイッチャルディーニもマキァヴェッリもこれを食い止めようと奔走した。

彼らが希望を託したのはメディチ家の傍系で傭兵隊長だった黒旗隊のジョヴァンニである。マキァヴェッリは、「彼ほどスペイン人が恐れかつ敬う隊長は誰もいないとみなが信じて」おり、「ジョヴァンニ殿が大胆で果敢、高邁にして英断を敢然と実行する男だということは、衆目の一致するところ」だとグイッチャルディーニ宛の書簡で書いている。しかしジョヴァンニは一五二六年十

▼カール五世（一五〇〇〜五八、カルロス一世としてスペイン王在位一五一六〜五六、神聖ローマ皇帝在位一五一九〜五六）　ハプスブルク家のブルゴーニュ公フィリップとカスティリャ王女ファナの息子。広大な領土を継承し、スペイン・ネーデルラント・オーストリア・ボヘミア・ミラノ・ナポリ・シチリアなどをハプスブルク家の支配下においた。イタリア戦争を終結させ、イタリアにおけるハプスブルク家の覇権を確立した。

▼黒旗隊のジョヴァンニ（一四九八〜一五二六）　コジモ・イル・ヴェッキオの弟に発する傍系。コジモ一世は彼の一人息子。軍人として名をはせた。レオ十世の死後、喪を示す黒い軍旗を用いたことからこの名で呼ばれる。（ブロンツィーノの工房、ウフィツィ美術館蔵）

一月、戦闘で受けた傷がもとで亡くなる。マキァヴェッリとグイッチャルディーニの希望の星は落ちた。迫りくる皇帝軍を止められない危機的な状況のなか、マキァヴェッリは別の友人に宛てて、「私はフランチェスコ・グイッチャルディーニ殿を愛します。わが魂よりもわが祖国を愛します。六〇年の人生が私に与えた経験から申し上げますが、これ以上の苦境に立たされたことはかつてありません」と書いている。

一五二七年五月、皇帝軍はローマまで進軍し、暴虐のかぎりをつくした。「ローマ劫掠」と呼ばれる事件である。永遠の都ローマに加えられたこの暴虐は、動乱の時代のイタリアを象徴するものであろう。クレメンス七世はサンタンジェロ城に逃れたが、事実上幽閉状態になった。この知らせを聞いたフィレンツェでは、反メディチ派と共和政派が決起し、メディチ家はふたたび追放された。

このときマキァヴェッリは、グイッチャルディーニのもとで教皇のために働いていた。彼は政変後にフィレンツェにもどるが、メディチ家のために働いた彼にフィレンツェでの居場所はもうなかった。六月に彼は病の床につく。その

サンタ・クローチェ教会（右）**とマキァヴェッリの墓**（左）　墓の装飾は、一七八七年のもの。

まま回復することなく、六月二十二日に死亡した。五八歳であった。亡骸はサンタ・クローチェ教会に葬られた。死の直前にある夢について語ったという。天国の霊であるやつれた貧者の群れと地獄行きが決まっている王侯貴族の姿をした古代の哲学者たちがあらわれた。どちらと一緒にいたいかと尋ねられたマキァヴェッリは、高貴な精神の持ち主たちと一緒に政治を論じに地獄に行くことを選んだ、という夢である。この逸話が本当のことかどうかわからないが、本当だとしたらマキァヴェッリは最後まで彼らしく死んだといえよう。

メディチ家追放後の共和政は、大評議会を復活させ、ポーポロが実権を握った。メディチ政権のために活動したグイッチャルディーニのような有力市民は、阻害され、迫害を受けることになった。そしてクレメンス七世が皇帝と和解し、フィレンツェにメディチ家を復帰させるために皇帝軍を差し向けた。皇帝軍がフィレンツェを包囲すると、共和国は都市を要塞化して、徹底的に抗戦した。有力市民は逃亡したが、ポーポロの士気は衰えず、食糧がつきても戦った。しかしフィレンツェ共和国最高の指揮官だったフランチェスコ・フェッルッチの戦死によって、望みはついえた。一五三〇年八月十二日、フィレンツェ共和国

アレッサンドロ（一五一一～三七、在位一五三二～三七）　クリストーファノ・デッラルテッシモ作、ウフィツィ美術館蔵

コジモ一世（チェッリーニ作、バルジェッロ博物館）

は、一〇カ月の包囲に耐えたのち、降伏した。

フィレンツェにはメディチ家が復帰し、一五三二年にはメディチ家を君主に戴く君主国が誕生した。初代公爵アレッサンドロは三七年に暗殺されるが、傍系のコジモ一世が選出され、君主国は継続することとなった。このとき、コジモ一世の選出にもっとも力のあったのがグイッチャルディーニであった。彼はコジモを傀儡《かいらい》として自らが権力をえようとし、いわば最後の賭けに打って出たのである。しかし彼は賭けに負けた。コジモ一世はすぐに実権を掌握し、グイッチャルディーニは政治の中枢からはずされることになった。そして彼は、マキァヴェッリが書記局をやめさせられてから執筆に励んだように『イタリア史』を書くことになる。

コジモ一世はフィレンツェ市民を遠ざけ、自らの権力を強化し、君主国を安定させた。彼のもとで、フィレンツェは戦乱にさらされることもなく、領域の反乱も起こらず、それどころか領土を広げ、フィレンツェはやっと平和を享受することができるようになったのである。このコジモ一世は、皮肉なことに、マキァヴェッリとグイッチャルディーニがイタリアの自由を託した黒旗隊のジ

ダヴィデ像〈右〉ドナテッロ作、〈左〉ミケランジェロ作〉

ヨヴァンニの息子であった。

フィレンツェ史の研究者ベイカーによれば、共和国から君主国への移行は、制度的な断絶ではなく、政治文化の変化に現れているという。たしかにそうかもしれない。十五世紀のメディチ家も、君主ではなかったが、共和政の枠内で君主のような振る舞いをすることもあった。その点で共和政から君主政への変化は、革命的なものではない。君主国になっても、君主とトップにある評議会のみが変更され、残りの制度は変更されなかった。有力市民層は、政治には関心を向けなくなったが、官職につき続けたし、フィレンツェ共和国の力のシンボルだったダヴィデ像のような文化的表象は、君主国においても使われ続けた。しかしダヴィデは共和国ではなく、君主の力のシンボルとなったし、有力市民は君主の恩恵によって官職につくようになった。市民が共通善をめざす共和政の文化は終わり、宮廷人や廷臣の文化が誕生したのである。

最後の共和国からフィレンツェ包囲、君主国の成立という激動に、フィレンツェ人は疲弊していた。その点で、最後の共和国の成立直後に死んだマキァヴェッリは、幸せだったのかもしれない。フィレンツェ有力市民たちは、自らの

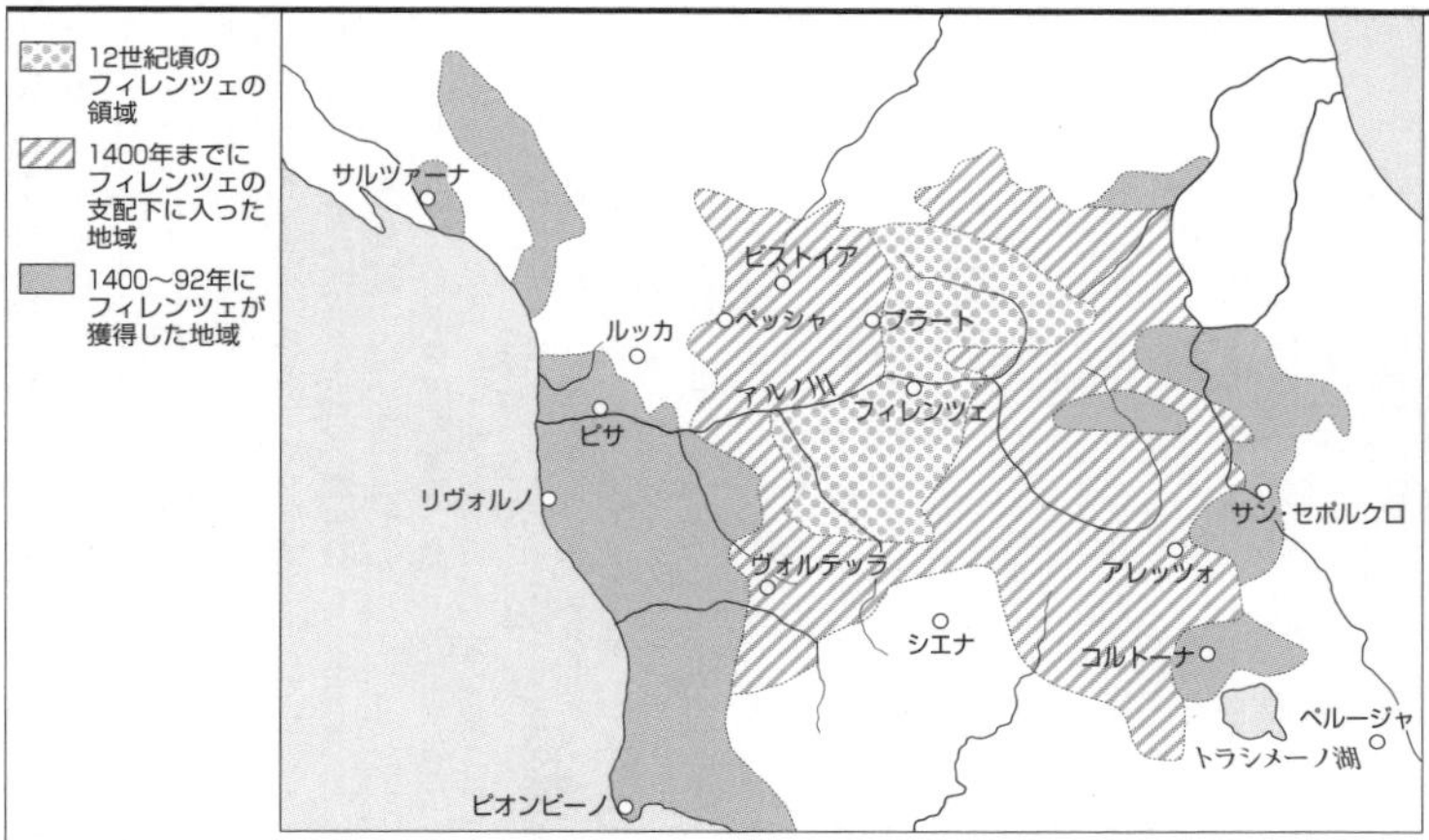

●—フィレンツェ共和国の領域支配の発展

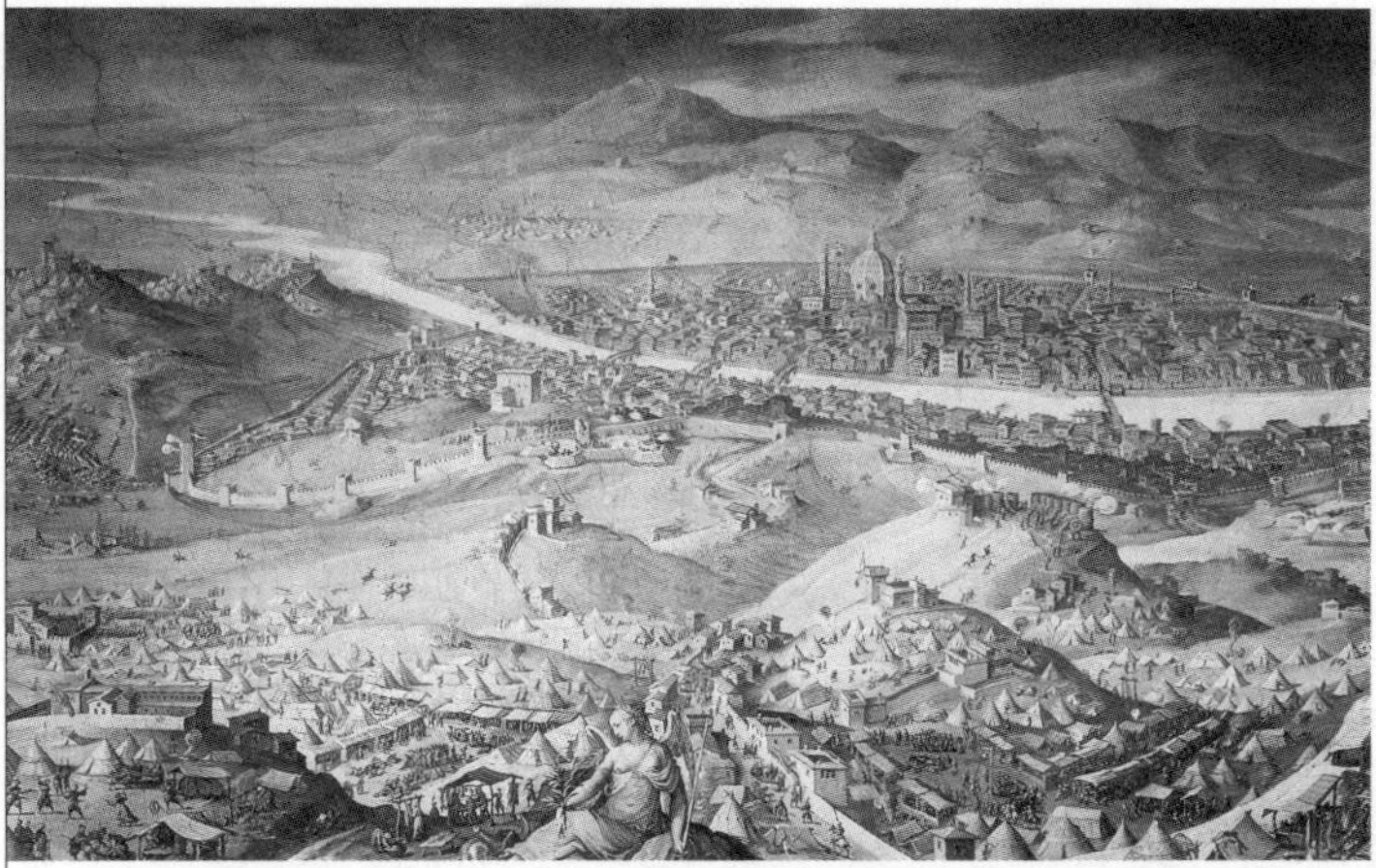

●—フィレンツェ包囲(ヴァザーリ作、ヴェッキオ宮殿、五百人広間蔵)

●—シエナ戦争(ジョルジョ・ヴァザーリ作、ヴェッキオ宮殿蔵)

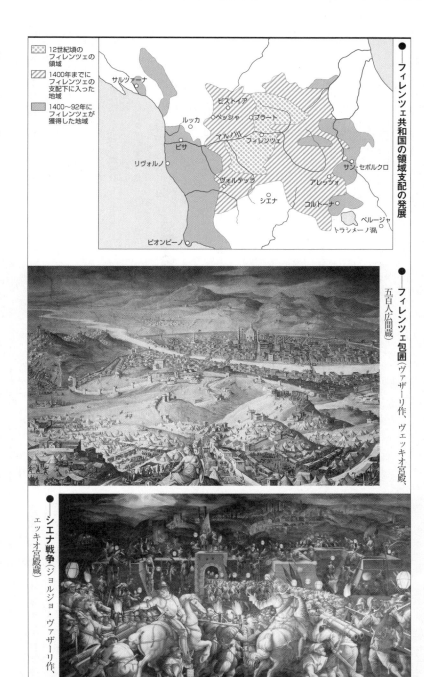

居場所として、少なくとも外国支配ではない、独立したフィレンツェ▲を受け入れ、その代償として共和政をあきらめた。変化の種は潜在していた。君主国のフィレンツェは、それまで萌芽的に存在していた近世的な世界を一気にフィレンツェにもたらすことになる。

領域支配と軍隊

フィレンツェはすでに十五世紀にはほかの大都市を含む大きな領域を備えており、それをどのように支配するかがつねに問題となっていた。それはマキァヴェッリやグイッチャルディーニの時代でも同様である。

グイッチャルディーニは、『フィレンツェの政体をめぐっての対話』のなかで、フィレンツェにとっての領域支配の重要性を指摘している。「領土を失えば、また自由も失い、都市そのものさえ失うことになりましょう。フィレンツェは攻撃され、あなた方にはそれを防衛する手段がありません。……領土が失われれば、最初の二つの問題は崩壊いたします。都市は征服され、横領されます。再び立ち上がることができるという希望はありません」。つまり領土が広

▼外国支配ではない、独立したフィレンツェ　最後の共和国の陥落後、そしてコジモ一世の即位後には、フィレンツェがカール五世の直接支配下におかれる可能性もあった。実際に、ミラノ公国は、カール五世の直接支配下におかれ、一五四〇年にはカール五世の長男フェリペ（のちのスペイン王フェリペ二世）に与えられる。

がった以上、それを失えば失われた領土は敵のものとなり、そこからさらにフィレンツェが攻められる可能性もある。領土を手に入れた以上、それは守らなければならないものなのである。さらにグイッチャルディーニは、領土の拡大にも賛成する。すでに「われわれは他国の領土を支配するものの仲間に入って」おり、「権力を得て以来、この道を突き進んでおり、もはやこれから撤退することはできない」。だから、「ルッカ、あるいはシエナ▲を取ることは今やピサやアレッツォ▲を取ることが祖父の時代にそうであったように称賛に値する」のである。

　しかし自由なフィレンツェ共和国が、やはり同じようにかつては自由だった他都市を支配することには矛盾が存在する。かつてレオナルド・ブルーニは『フィレンツェ市礼賛』において、フィレンツェはローマ人の遺産を継ぐものであるから、全世界の支配権を有するとした。つまり、領域の支配権を正当化したのである。しかし正当化の理論ではなく、現実の共和国の支配のあり方に関心をもつグイッチャルディーニは、矛盾を踏まえたうえで、とるべき手段を提示する。いかにして領域支配のために「良心に従って戦争をおこなうことが

▼シエナ　フィレンツェの南に広がる共和国。フィレンツェ共和国とはライヴァル関係にあった。コジモ一世の時代に征服され、メディチ家の君主がシエナ公として支配することになる。

▼アレッツォ　フィレンツェの南東部の都市。一三八四年にフィレンツェの支配下に入る。

アレッツォの中心部　ピアッツァ・グランデ

▼ジョバンニ・ボテーロ（一五四四〜一六一七）　ピエモンテ出身。枢機卿の書記などとして活躍する一方、政治に関わる著作を執筆した。主著は、『国家理性』（一五八九）。

▼ドナート・ジャンノッティ（一四九二〜一五六二）　最後の共和国時代にフィレンツェ共和国の書記官を務め、その後は亡命生活を送る。ヴェネツィアの体制を称賛し、フィレンツェの共和政を擁護する著作などを残した。

できるか」と問いかけながら、彼は「自由の理念が根付いているところでは、暴力以外で支配することは不可能」であり、もともと「すべての国家は暴力的」だとして、戦争の必然性を認めるという結論を出している。

これは近世的な議論で、のちにジョバンニ・ボテーロ▲が定式化する「国家理性」に類似している。絶対主義的な君主国を擁護するためにボテーロは、「国家理性」という言葉で、国家の存続と安定のための戦争や処罰を正当化し、それは道徳や宗教の規範と両立すると主張した。グイッチャルディーニの考え方との類似は明らかである。ただしグイッチャルディーニには欠けている視点がある。それは領域をいわば俯瞰して、上から眺める視点である。グイッチャルディーニは、ピサやアレッツォをフィレンツェと同様の都市と考え、フィレンツェが他都市を支配するにはどうするかを考えている。都市フィレンツェよりさらに上に立ち、領域全体を一つの国家としてまとめるという視点はないのである。

最後の共和国において、マキァヴェッリがかつて活動した書記局にいたドナート・ジャンノッティ▲は、軍隊の問題に取り組んでいた。問題は、誰に武器を

▼「市民」　この時代の「市民」とは、市壁のなかに住み、住居をもち、加入金を支払い、一定程度の資産を所持している者のみに与えられる権利(市民権)をもつ者であり、住人のことではない。

ピストイア中心部　市庁舎

与えるか、である。市民軍に関してジャンノッティは、納税している「市民」▲すべてに武器を与えるものとした。しかしフィレンツェ以外の領域の兵士に対して、彼は警戒を解くことはできなかった。フィレンツェ出身以外の兵士は、市民軍の脇を行進しなくてはならず、軍全体を導くのはフィレンツェの役人でなければならなかった。ジャンノッティは、領民の武装の必要性を認めてはいる。しかしフィレンツェに忠実でない地域もある。「信用できない者」を排除して、「信頼できるほかの者」で埋めることで、安全を確保しなければならないと考えていた。フィレンツェという都市を中心に考えるかぎり、領域全体を俯瞰してとらえることは困難であったのである。

　マキァヴェッリは、フィレンツェ近郊の領民を軍隊として利用することにためらいはなかった。領域全体をまとめようとする意図もあった。都市内での内乱が多いピストイアを支配するために、フィレンツェは伝統的にそのピストイア内部の党派争いを利用してきた。しかし、マキァヴェッリはこのような方法は、「まったく間違ったもの」で、「無意味」であるとしている(『ディスコルシ』Ⅲ-27)。「強靭な君主国にあっては、内部の分断策など決して認められるもの

メディチ邸

ではない」のである（『君主論』XX）。しかしひとたび話がフィレンツェのリアルな状況になると、やはりピサのような他都市は、フィレンツェとある意味で対等な存在になってしまう。共和国をよしとする彼は、実際のフィレンツェとその領域に、領域全体をみる視点を適用することはできなかった。『ディスコルシ』で彼はこういっている。「フィレンツェ人がピサを確保しようとするなら、必要とあればローマ人の方法を用いるべきことをフィレンツェ人はのみこむことができなかった」。ローマ人の方法とは、「相手を友好国にするか、さもなければ破壊するか」（Ⅱ-24）である。しかしどちらの方法も、実現にはかなりの困難がともなうだろう。

　領域を上から俯瞰して眺め、内紛に頼らず領域支配を実現したのは、メディチ家による君主国であった。コジモ一世はピストイアを支配するにあたって、どちらかの党派に加担するという伝統的な方法を退けた。そのかわり、ピストイアの重要な官職にピストイア人が就任することを禁止し、ピストイアをいわば君主の直轄にすることで都市全体を罰し、その従順を促したのである。マキァヴェッリならこのやり方をたたえただろう。

一五三九年の祝祭のセット（メディチ邸）

フィレンツェを特別視せず、領域全体を見わたす視点が、コジモ一世の時代には浸透していたのが明らかである。例えば一五三九年のコジモの結婚の祝宴のさい、トスカーナの諸都市を寓意する人物たちによる歌と踊りがメディチ邸でおこなわれた。都市を寓意する人物は一人ずつ登場するのだが、その順番は、フィレンツェ・ピサ・ヴォルテッラ・アレッツォ・コルトーナ・ピストイアで、フィレンツェは最初には登場するものの、それ以上の特別扱いがされていない。諸都市の上に君主という頂点がおかれたことによって、フィレンツェも支配される都市の一つとなり、領域全体を俯瞰してみることが可能になったのである。十六世紀後半に『フィレンツェ史』を書いたシピオーネ・アンミラート▲は、偉大なトスカナ全体をたたえながら、「フィレンツェはそのメンバーである」と書いた。共和国時代には、フィレンツェが一つの都市としてほかの都市と対立する視点からぬけだせなかった。君主国になってはじめて領域を一体として語ることができるようになったのである。

▼**シピオーネ・アンミラート**（一五三一〜一六〇一）　南イタリアのレッチェ生まれ。各地の知識人のサークルで活躍し、一五六〇年にフィレンツェへ。七〇年にコジモ一世の命で『フィレンツェ史』を執筆。

ピッティ宮殿

▼「城をかまえた領主がいないこと、また貴族たちが全くいないか極めて少数であること」　フィレンツェ共和国の領域では、封建貴族は非常に少なかった。イタリアでもロンバルディアやピエモンテ、そして南イタリアでは封建貴族は多かった。

貴族と宮廷

すでにみたように、マキァヴェッリは『ディスコルシ』のなかで、スイスや南ドイツの州や都市では「高度の善意と宗教心が保たれている」とし、その理由として、「この国の人々が、自分の国にある物資だけで満足し、自国産の食料だけで生活し、衣類も自国製の羊毛に頼って」いるため、外国との接触が少なく、「堕落してしまう機会」が少ないことと、市民がみな平等であり、誰も「貴紳」として扱われていないことをあげていた。この「貴紳」よりもさらに悪質な者として、マキァヴェッリは、「城郭を支配して、自分に隷属する領民をしたがえている手合い」、すなわち封建貴族をあげている。そしてマキァヴェッリがいうには、封建貴族が多い地方を支配しようとするならば、「王国を成立させる以外に方法はない」。しかしトスカーナは、「城をかまえた領主がいないこと、また貴族たちが全くいないか極めて少数であること」▲から、共和国に向いている。このような地域で君主国をつくろうとするなら、「平等な社会のなかから、野望をいだき事を好む多くの連中を抜擢して、名目だけではなしに、実際に貴族の仲間に加えて、城や領地、さらには金の力や、供の者までも

フィレンツェの既婚夫人(アブラハム・デ・ブリュイン『ヨーロッパ、アジア、アフリカおよびアメリカのほぼ全域にわたる諸民族の服装』、アントウェルペン、一五七七年)

与えて」やることが必要だとしている(I-55)。

では実際に君主国になったフィレンツェはどうなったのだろうか。マキァヴェッリがいったような事態は直接的には起きなかった。メディチ家の君主は貴族をつくって、わざわざ供の者まで与えてやることはなかった。しかし最終的には、フィレンツェ人が貴族化した。それはルドヴィコ・アラマンニが主張したとおりである。君主となったメディチ家は宮廷をつくり、そこに最初は外国人貴族を招聘し、威厳を与えた。徐々に宮廷は権威をもつようになり、宮廷に入ることがフィレンツェ人にとっても名誉となっていった。フィレンツェ人は宮廷に慣れたのである。宮廷に入ることはいわば貴族になることを意味する。フィレンツェ人のライフ・スタイルは変化し、有力市民は商売をひかえ、貴族的な生活を送るようになった。帯剣し、馬車に乗り、自らの家を小宮廷とした。そして十七世紀には、そんな市民たちに、メディチ家の君主が封建貴族の称号を与えるようになる。平等な社会に君主国をつくろうとするなら、貴族が必要だといったマキァヴェッリの言葉は正しかった。

すでにマキァヴェッリとグイッチャルディーニの時代に、フィレンツェ共和

▼バルダッサール・カスティリオーネ（一四七八〜一五二九）　マントヴァ近郊の小領主の家に生まれ、ミラノ公やウルビーノ公に仕える。ウルビーノ公の宮廷を舞台とした対話形式の『宮廷人』は、理想の宮廷人を描いたものとしてヨーロッパ中に大きな影響を与えた。（ラファエッロ作、ルーヴル美術館蔵）

国の外のイタリアでは、時代が変化していた。貴族と宮廷の時代が始まっていたのである。年齢的にはマキァヴェッリとグイッチャルディーニの間に位置するカスティリオーネ▲の『宮廷人』には、文武に優れ、物腰から態度まですべてが自然に見える優美な宮廷人の理想が描かれていた。この著作は一五一四年から最終稿の決定まで一〇年かかっているので、マキァヴェッリが『フィレンツェ史』を書いているのと同時期に書かれたものである。たしかにこの時代には、フィレンツェ人は宮廷には慣れていなかった。フィレンツェのもっとも有力な市民の一人でメディチ家と姻戚関係にあり、ローマで銀行家として活躍していたフィリッポ・ストロッツィ▲は、ローマの宮廷生活に耐えられず、兄のロレンツォに次のような書簡を書き送っている。

僕はこれらの紳士たちと一緒にいる。彼らはしばしばもっとうまく使える時間を無駄にしている。……毎日仮面劇をしたり、夕方には音楽があったりして、どんな用事にもわずらわされずに陽気に時間を過ごすんだ。神は、私がこれまでにないほど脳みそを使う必要があるかどうか知っているだろう。次はダンスの時間だ。

▼フィリッポ・ストロッツィ（一四八九〜一五三八）　フィレンツェの名家。フィリッポは、ロレンツォ・イル・マニフィコの長男ピエロの娘と結婚し、メディチ教皇時代に銀行家として活躍。しかし、のちにアレッサンドロと対立し、一五三七年にはコジモ一世に対して兵をあげた亡命軍のリーダーとなった。戦闘で捕虜となり、獄中で自殺。（ガエタノ・ヴァシェッリーニ作、十八世紀）

一方グイッチャルディーニは、宮廷の必要性、そして宮廷人のあり方というものを、年をとってからわかってきたようである。彼は『リコルディ』にこう書いている。

若かったころには、私は、楽器をかなでたり、おどったり、うたったり、その他これに類する浅はかなことがらに長ずることを嘲笑したものであった。それればかりでなく、美しい字をかいたり、乗馬に長じたり、着こなしがうまかったり、またすべてこれに似たようなことがらは、人間の本質よりは外見を飾り立てるにすぎないと思っていたものであった。ところがさらに長ずるにおよんで、これとは反対の意見をもつようになってきた。……私は自分の経験にてらして、これらのうわべの飾りたてや、なんでも小器用にこなすことが、上流階級の人々にとってさえ威厳と風格と名声を与えるものであることがわかってきた。これをおしすすめていくと、これらのことがらに不得手な人々は、どこかしらぬけているとまでいいうると思う。疑いもなくこの種の技に習熟していれば、君主のお気に入りになる道をひらくことになり、また時には大へんな利益や名声をつかみとるきっ

パオロ・サヴェッリ大公の教皇パウルス五世への謁見儀　一六二〇年代のヴァティカン宮殿の玉座の間における謁見のようすがわかる。(ピエトロ・ダ・コルトーナ作、ローラウ、オーストリア、ローラウ城所蔵)

フィレンツェ共和国のマルゾッコ

かけや原因ともなるのである(C179)。

そしてマキァヴェッリも、宮廷の力をわかっていないわけではなかった。古代ローマの共和政末期の大将軍ガイウス・マリウスについて語りながら、彼は次のように書いている。マリウスはとらわれの身となったが、彼を殺そうと入ってきた奴隷は、彼を見て誰だか知ると殺すことができなかった。

マリウスのように獄窓につながれて悲運をかこっている場合でも、このように人を威圧する力を備えているのだから、ましてや捕われてもいない君主が、絢爛たる王衣を身にまとい、百官を従えて姿も堂々と控えていれば、威厳のほどははかりしれないものがあろう。この華麗なさまは君を不安にさせるか、あるいはそのすばらしいもてなしで君の気を和らげてしまうことができるのだ(『ディスコルシ』Ⅲ-6)。

マキァヴェッリはたしかに、君主政のよさも、宮廷の力も知っていた。しかし現実のフィレンツェの問題になると、共和政を愛する彼は、決して君主政を適用する気にはなれなかったのである。しかしそれは単に君主政と共和政という問題ではない。ヨーロッパ世界全体が変化しつつあった。イタリアの小国は、フランスやスペインのような広大な領土と多数の軍隊をもつ国家に、軍事的に対抗することはもはやできなくなっていた。商業的にも、イタリアの覇権は終わり、十七世紀以降、オランダやフランス、そしてイギリスがその覇権を握っていくことになる。大国同士が軍事的にも商業的にも覇権を競い合う、新しい秩序が生まれつつあった。

一方で、同じ十六世紀に、イタリア・ルネサンスの文化、その都市的洗練は、ヨーロッパ中へと伝わっていく。基本的に軍人であったヨーロッパの貴族は、徐々に洗練され、軍事だけではなく、芸術も礼儀作法もわきまえた宮廷貴族へと変化していく。そしてイタリアでも、君主国だけではなく、共和国の有力市民も、貴族化していくことになる。文化的に洗練された王侯貴族が支配する新しい近世的な世界が誕生しつつあったのである。マキァヴェッリはまさにこの変化に翻弄されながら、そのとば口をみつめ、理解しようとした人物であった。

中世から近世へ

マキァヴェッリが生きた十五世紀末から十六世紀前半は、フィレンツェにとって、そしてイタリアにとって、まさに激動の時代であった。中世は終わり、近世が始まった。近世のヨーロッパは戦争が続き、動乱が絶えないが、軍事的に大国についていけなくなったイタリアには、平和が訪れる。フィレンツェも君主国になってしまえば平穏が訪れるが、共和政の現実を捨てきれない彼やグイッチャルディーニにはとって、そのような未来は、たとえみえていたとしても、いやみえているからこそ、それをフィレンツェの未来として受け入れることができなかった。彼らの著作は、このような危機の時代だからこそ生まれた。理想を謳うのではなく、冷徹に現実をみつめることが彼らの時代には必要だったのである。

しかしちょっと想像してみたい。マキァヴェッリがもう少し生まれるのが遅かったならば。そうすればコジモ一世時代にも生きていただろう。マキァヴェッリとグイッチャルディーニにとって救世主にみえた黒旗隊のジョヴァンニの一人息子であるコジモ一世は、マキァヴェッリが『君主論』で書いているように、必要に迫られたときには「信義に反したり、慈悲にそむいたり、人間味を失ったり、宗教にそむく行為を」することができる人物であった。コジモ一世はフィレンツェの有力市民ではなく、地方出身のそれほど身分の高くない人々を書記として、彼らを手足のように使って君主国を支配した。マキァヴェッリはフィレンツェ人ではあるが、有力市民ではない。果断な君主のもとで彼は大好きな政治の世界に身を投じて、幸せに暮らせたのではないだろうか。ただしその場合、『君主論』や『ディスコルシ』のような著作は生まれなかったかもしれないが。

マキァヴェッリとその時代

西暦	齢	おもな事項
1434		コジモ・イル・ヴェッキオがフィレンツェで実質的な権力を握る
1469		マキァヴェッリがフィレンツェに生まれる
		ロレンツォ・イル・マニフィコがメディチ家の当主になる
1478	9	パッツィ家の陰謀
1492	23	ロレンツォ・イル・マニフィコ死亡，長男ピエロが後継者になる
1494	25	シャルル8世のフランス軍がイタリア侵攻
		メディチ家がフィレンツェから追放され，大評議会が成立
		ピサ，反乱を起こし，フィレンツェから独立
1498	29	サヴォナローラの処刑
		マキァヴェッリ，第二書記官長に選出
1500	31	マキァヴェッリ，フランスへの使節
1502	33	マキァヴェッリ，チェーザレ・ボルジアへの使節
		ピエロ・ソデリーニが終身正義の旗手に選出
1506	37	マキァヴェッリが創設した軍隊のパレードがおこなわれる
1509	40	フィレンツェ，ピサを再征服
1512	43	スペイン軍がプラートを略奪，ピエロ・ソデリーニは亡命
		メディチ家がフィレンツェに復帰し，マキァヴェッリは解雇される
1513	44	マキァヴェッリ，陰謀への加担を疑われ，逮捕・投獄・拷問
		ジョヴァンニ・デ・メディチが教皇選出（レオ10世）
		マキァヴェッリ，大赦で釈放される
1516	47	ジュリアーノ・デ・メディチ死亡
		ロレンツォ・デ・メディチがウルビーノ公になる
		マキァヴェッリ，『君主論』をウルビーノ公に献呈
1520	51	マキァヴェッリ，『フィレンツェ史』の執筆を依頼される
1521	52	マキァヴェッリとグイッチャルディーニの交友開始
		ローマ教皇レオ10世死亡
1523	54	ジュリオ・デ・メディチがクレメンス7世として教皇に選出される
1525	56	マキァヴェッリ，『フィレンツェ史』をクレメンス7世に提出
1526	57	神聖ローマ帝国に対抗するコニャック同盟結成
		マキァヴェッリ，フィレンツェの市壁管理官に任命
		マキァヴェッリ，コニャック同盟軍の野営地に派遣される
		黒旗隊のジョヴァンニ，戦いで負傷し，死亡
1527	58	皇帝軍によるローマ劫掠
		メディチ家がフィレンツェから追放され，大評議会が復活
		マキァヴェッリ死亡
1529		バルセロナ条約で，教皇クレメンス7世と皇帝カール5世が和解
		皇帝軍によるフィレンツェ包囲開始
1530		フィレンツェ共和国降伏
1532		フィレンツェ公国が成立，アレッサンドロが初代公爵
1537		アレッサンドロが暗殺され，傍系のコジモ1世が即位

参考文献

ピエール・アントネッティ（中島昭和・渡部容子訳）『フィレンツェ史』白水社，1986 年
マウリツィオ・ヴィローリ（武田好訳）『マキァヴェッリの生涯――その微笑の謎』白水社，2007 年
バルダッサーレ・カスティリオーネ（清水純一・岩倉具忠・天野恵訳）『宮廷人』東海大学出版会，1987 年
エウジェーニオ・ガレン編（近藤恒一訳）『ルネサンス人』岩波書店，1990 年
フランチェスコ・グイッチャルディーニ（末吉孝州・川本英明訳）『グイッチァルディーニの訓戒と意見（リコルディ）』太陽出版，1996 年
フランチェスコ・グイッチャルディーニ（永井三明訳）『フィレンツェ名門貴族の処世術――リコルディ』講談社，1998 年
フランチェスコ・グイッチャルディーニ（末吉孝州訳）『フィレンツェ史』太陽出版，1999 年
フランチェスコ・グイッチャルディーニ（末吉孝州・川本英明訳）『イタリア史』太陽出版，2001 ～ 07 年
クェンティン・スキナー（門間都喜郎訳）『近代政治思想の基礎――ルネッサンス，宗教改革の時代』春風社，2009 年
クェンティン・スキナー（塚田富治訳）『マキアヴェッリ――自由の哲学者』未来社，1991 年
J. G. A. ポーコック（田中秀夫・奥田敬・森岡邦泰訳）『マキァヴェリアン・モーメント――フィレンツェの政治思想と大西洋圏の共和主義の伝統』名古屋大学出版会，2008 年
ニッコロ・マキァヴェッリ（須藤祐孝編訳）『忘恩，運命，野心，好機』無限社，1997 年
ボッカッチョ（柏熊達生訳）『デカメロン』筑摩書房，1987 年
ルーカ・ランドゥッチ（中森義宗・安保大有訳）『ランドゥッチの日記――ルネッサンス一商人の覚え書』近藤出版社，1988 年
ロベルト・リドルフィ（須藤祐孝訳）『マキァヴェッリの生涯』岩波書店，2009 年
鹿子生浩輝『征服と自由――マキァヴェッリの政治思想とルネサンス・フィレンツェ』風行社，2013 年
菊池良生『傭兵の二千年史』講談社，2002 年
北田葉子『近世フィレンツェの政治と文化――コジモ 1 世の文化政策（1537-60）』刀水書房，2002 年
北原敦編『イタリア史』山川出版社，2008 年
北村暁夫・伊藤武編著『近代イタリアの歴史――16 世紀から現代まで』ミネルヴァ書房，2012 年
末吉孝州『グイッチァルディーニの生涯と時代――グイッチァルディーニ研究序説』太陽出版，1997 年
三森のぞみ「フィレンツェにおける近世的政治秩序の形成 」『歴史学研究』822 号，2006 年
森田義之『メディチ家』講談社，1999 年
『マキァヴェッリ全集』（永井三明・藤沢道郎・岩倉具忠編），全 6 巻 + 補巻，筑摩書房，1998 ～ 2002 年）

Albertini, Rudolf von, *Firenze dalla repubblica al principato: storia e coscienza politica,* Torino, Einaudi, 1970.
Baker, N. S., *The Fruit of Liberty*, Cambridge (Massachusetts) and London, Harvard University Press, 2013.
Donati, C., *L'idea di nobiltà in Italia secoli XIV-XVIII,* Roma-Bari, Laterza, 1988.
Gilbert, F., *Machiavelli and Guicciardini,* Princeton, Princeton University Press, 1965.
Guarini, Elena Fasano, *Repubbliche e principi. Istituzioni e pratiche di potere nella Toscana granducale del '500-'600*, Bologna, Il Mulino, 2010
Guicciardini, Francesco, *Dialogo del reggimento di Firenze,* a cura di G. M. Anselmi e C. Varotti, Torino, Bollati Boringhieri, 1994.
Id., *Le lettere*, edizione critica a cura di P. Jodogne, Roma, Istituto storico italiano per l'età moderna e contemporanea, 1986-1999.
Id., *Opere inedite*, vol. 1, Firenze, Barbera e Bianchi, 1857 (Considerazioni intorno ai Discorsi del Machiavelli sopra la prima deca di Tito Livio).
Id., *Ricordi*, a cura di R. Spongano, Firenze, Sansoni, 1951.
Id., *Storia d'Italia*, ed. di S. Seidel Menchi, Torino Einaudi, 1971.
Machiavelli, *Lettere*, a cura di F. Gaeta, Milano, Feltrinelli, 1961.
Machiavelli, *Opere*, Edizione nazionale delle opere di Niccolò Machiavelli, Roma, Salerno, 1997-.
Machiavelli and his Friends, Their Personal Correspondence, J. B. Atkinson and D. Sices (tr.), DeKalb, Northern Illinois University Press, 2004.
Najemy, J. M., *History of Florence*, Malden, Blackwell, 2006.
Id. (ed.), *Cambridge Companion to Machiavelli*, New York, Cambridge University Press, 2010.
Pasquini, E. e Paolo Prodi (a cura di), *Bologna nell'età di Carlo V e Guicciardini*, Bologna, Il Mulino, 2002.
Varchi, Benedetto, *Storie fiorentine*, a cura di L. Arbib, Firenze, Società editrice delle Storie del Nardi e del Varchi, 1843-44.

図版出典一覧

John Adamson (ed.), *The Princely Courts of Europe*, London, Seven Dials, 2000. 76右

Maurilio Adriani, *La grande storia della Toscana*, Firenze, Bonechi, 2000. カバー表, 3上右, 5右, 13右, 25左下, 25右, 65上

Giovanna Gaeta Bertelà, *Museo Nazionale del Bargello. La guida ufficiale*, Firenze, Giunti, 1999. 64右

Gene Brucker, *Florence. The Golden Age*, Berkely, University of California Press, 1998. 5左, 7

Alan Chong, Donatella Pegazzano, Dimitrios Zikos (a cura di), *Ritratto di un banchiere del Rinascimento*, Milano, Electa, 2004. 41, 56, 75

Roberto Ciabani, *Le famiglie di Firenze*, Firenze, Bonechi, 1992. 62左

Riccardo Ciuti, *Pisa medicea*, Pisa, Felici, 2003 35

Marco Folin (ed.), *Courts and Courtly Arts in Renaissance Italy*, Milan, Officina Libreria, 2011. 74

Cristina Giannini (a cura di), *Stanze segrete, stanze scomparse*, Firenze, Olschki, 2003. 38, 39, 40, 61, 63右

Emma Micheletti, *I Medici a Firenze*, Firenze, Becocci, 1998. 3下, 16

Ugo Muccini, *Il Salone dei Cinquecento in Palazzo Vecchio*, Firenze, Le Lettere, 1995. 65下

Roberto Orsi Landini e Bruna Niccoli, *Moda a Firenze 1540-1580*, Firenze, Polistampa, 2005. 73

Antonio Panella, *Storia di Firenze*, Firenze, Le Lettere, 1984. 8

Maria C. Salemi (a cura di), *Palazzo Vecchio a Firenze*, Firenze, Nardini, 2001. 21, 25左中, 27, 76左

Vasari, gli uffizi e il Duca (catalogo della mostra), Firenze, Giunti, 2011. 3上左, 63左

Marcello Verga, *Firenze e il Granducato di Toscana*, Milano, Touring Club Italiano, 2005. 13左, 64左

Elvira Garbero Zorzi e Mario Sperenzi (a cura di), *Teatro e spettacolo nella Firenze dei Medici*, Firenze, Olschki, 2001. 71

著者提供 カバー表, 扉, 10, 25左上, 34, 62右, 67, 69, 70, 72

北田葉子(きただ ようこ)
1967年生まれ
慶應義塾大学文学研究科博士課程修了，博士(史学)
専攻，イタリア中近世史
現在，明治大学商学部教授

主要著書・訳書
『近世フィレンツェの政治と文化——コジモ1世の文化政策(1537－60)』
(刀水書房 2003年)
『イタリア都市社会史入門——12世紀から16世紀まで』
(昭和堂 2008年，共著)
『近代イタリアの歴史——16世紀から現代まで』
(ミネルヴァ書房 2012年，共著)

世界史リブレット人㊾
マキァヴェッリ
激動《げきどう》の転換期《てんかんき》を生《い》きぬく

2015年2月20日　1版1刷発行
2019年6月30日　1版2刷発行

著者：北田葉子《きただようこ》

発行者：野澤伸平

装幀者：菊地信義

発行所：株式会社 山川出版社

〒101-0047　東京都千代田区内神田1-13-13
電話　03-3293-8131(営業)　8134(編集)
https://www.yamakawa.co.jp/
振替　00120-9-43993

印刷所：株式会社 プロスト

製本所：株式会社 ブロケード

 ISBN978-4-634-35049-6